Richard Rudolf Klein

WILLKOMMEN, LIEBER TAG

Band II

Kinderlieder und Spielstücke
für die Grundschule

VERLAG MORITZ DIESTERWEG
Frankfurt/Main · Berlin · München

Alle Sätze und Begleitformen stammen, soweit nicht anders vermerkt, vom Herausgeber. Die Beiträge, deren Quellenangabe mit * versehen ist, sind vom Herausgeber neu gefaßt und somit urheberrechtlich geschützt.

ISBN 3—425—03717—X

2. Auflage 1971
© 1969 Verlag Moritz Diesterweg, Frankfurt am Main
Alle Rechte vorbehalten. Die Vervielfältigung auch einzelner Teile, Texte oder Bilder — auch wenn sie lediglich der eigenen Unterrichtsgestaltung dient — gestattet das Urheberrecht nur dann, wenn sie mit dem Verlag vorher vereinbart wurde.
Umschlag und Illustrationen:
Isolde Fritz, Frankfurt/M
Stich und Druck: Stürtz AG Würzburg

VORWORT

Das vorliegende Buch schließt hinsichtlich des Schwierigkeitsgrades unmittelbar an den Band I an, nimmt also Rücksicht auf die fortschreitende Entwicklung der Kinder. Doch bleiben die Leistungsgrenzen des Grundschulalters überall gewahrt. Die Thematik bewegt sich im Rahmen des kindlichen Erlebnisbereiches, der nach wie vor von Haus und Heimat, Tages- und Jahreskreis bestimmt ist, zugleich aber von der sich wandelnden Welt geprägt wird. Die Welt erscheint in den Liedern dieses Buches so, wie sie dem Kind heute begegnet. Lebendig gebliebene Überlieferung gehört zu dieser Welt ebenso wie die technischen Phänomene unserer Zeit.

Durch Unterlegung neuer Texte unter alte Weisen wurde mehrfach zurückgegriffen auf die jahrhundertelang geübte Praxis der Kontrafaktur. Damit hat der Verfasser den Versuch unternommen, vergessenes, doch erhaltenswertes volkstümliches Melodiengut der Gegenwart neu zu erschließen.

Die Formulierung entspricht in Text und Musik dem Verständnis der Kinder. Dies gilt insbesondere auch für die Sätze, die vielen Liedern beigegeben sind. Aus den Instrumentalbegleitungen können durch Vorausmusizieren einiger Takte leicht Vor- und Zwischenspiele gebildet werden. Zahlreiche Instrumentalstücke wurden den einzelnen Themenkreisen zugeordnet und ermöglichen so abwechslungsvolle Zusammenstellungen von Zyklen und Kantaten.

Auch dieser Band erstrebt also den engen Bezug zum Leben, der gerade im Bereich kindgemäßen Singens und Musizierens unerläßlich ist. Denn Lebensnähe ist nicht nur Voraussetzung für die Lebenskraft eines Liedes, sondern auch von Bedeutung für die bildende, das Leben bereichernde Wirkung der Musik.

INHALTSVERZEICHNIS[1]

Morgen (Geburtstag)	1
Neujahr (Dreikönigstag — Fastnacht	10
Frühling (Ostern — Muttertag)	16
Regen, Wind und Sonnenschein	34
Fleißige Leute	40
Mittag	54
Sommer (Ferien — Wandern)	58
Frohsinn (Spiel — Scherzlieder)	80
In der Stadt (Verkehr — Einkauf — Jahrmarkt)	102
Herbst (Erntedank — Laternenlieder)	122
Märchen	134
Winter	142
Weihnachtszeit	148
Abend (Wiegenlieder)	158
Verzeichnis der Spielstücke	167
Stichwortverzeichnis	168
Alphabetisches Verzeichnis der Liedanfänge	171

[1] Vgl. dazu Stichwortverzeichnis auf S. 168

Was ruft der Hahn?

1. Was ruft der Hahn? „Die Augen aufgetan, der Tag bricht an, der Tag bricht an."

2. Er weckt und schreit:
„Aus jeder Spanne Zeit
wird Ewigkeit.

3. Auf denn, mein Kind!
Der Tag, darin wir sind,
geht wie der Wind.

4. Mit der Sonne Bahn
zum Himmel lauf hinan!"
So kräht der Hahn.

Worte: Ruth Schaumann   Weise: Richard Rudolf Klein

Wachet auf!

Worte und Weise: Johann Joachim Wachsmann

Die liebe Sonne

2. Von ihr kommt Segen und Gedeihen,
   sie macht die Saat so grün,
   sie macht das weite Feld sich neuen
   und meine Bäume blühn.

Worte: Matthias Claudius   Weise: Karl Marx
Aus: Karl Marx „Jeden Morgen geht die Sonne auf", Bärenreiter-Verlag, Kassel und Basel

Die Reise der Sonne

1. Wenn die Sonne ihre Strahlen morgens durch das Fenster schießt, hat sie eine lange Reise stets schon hinter sich gebracht; daß sie deine Nase kitzeln, bis du, halb im Schlaf noch, niest, die beginnt, wenn du noch schlummerst, fern im Osten und bei Nacht.

2. Liegst du noch in schönsten Träumen,
fängt die Sonnenfahrt schon an,
langsam rollt sie über China
zur Türkei, zum Muselmann,
läßt die Mongolei im Rücken,
war in Rußland, in Tibet,
sah Arabien und Indien,
bis sie hier am Himmel steht.

3. Und gehst du am Abend schlafen,
reist sie weiter durch die Welt,
klettert westwärts hinterm Walde,
hinterm Berge oder Feld
flugs in einen andern Himmel –
den von Cuba und Peru –
und weckt dort die Indianer,
und die niesen dann, wie du.

Worte: Eva Rechlin   ★Weise: volkstümlich

Morgenmusik
Weckruf

Aus: „Anleitung zum Trompetenblasen für königlich preußische Postillone", Berlin 1850

Besinnliche Weise

Richard Rudolf Klein

Fanfare

Nach einer Handschrift des 19. Jahrhunderts.
Aus: Fritz Jöde „Der Spielmann", Möseler Verlag, Wolfenbüttel und Zürich

Meinem Gott gehört die Welt

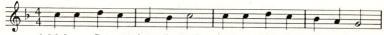

1. Mei-nem Gott ge - hört die Welt, mei-nem Gott das Himmels-zelt,

ihm ge-hört der Raum, die Zeit, sein ist auch die E - wig-keit.

2. Und sein eigen bin auch ich.
Gottes Hände halten mich
gleich dem Sternlein in der Bahn;
keins fällt je aus Gottes Plan.

3. Wo ich bin, hält Gott die Wacht,
führt und schirmt mich Tag und Nacht;
über Bitten und Verstehn
muß sein Wille mir geschehn.

4. Täglich gibt er mir das Brot,
täglich hilft er in der Not,
täglich schenkt er seine Huld
und vergibt mir meine Schuld.

Worte: Arno Pötzsch   Weise: Christian Lahusen
Aus: „Das junge Chorlied", Verlag Merseburger, Berlin

Gebet für die Eltern

1. Lieber Gott, ich bitte dich,
schütz den Vater gnädiglich!
Wenn er seine Arbeit tut,
gib ihm Freud, Geduld und Mut.
Wollest gütig ihn bewahren
heut vor Sorgen und Gefahren!

2. Lieber Gott, ich bitte dich,
schütz die Mutter gnädiglich!
Wenn sie für uns sorgt und schafft,
gib ihr Segen, Hilf und Kraft.
Wollest gütig sie bewahren
heut vor Sorgen und Gefahren!

Worte: Verfasser unbekannt   *Weise: volkstümlich

Die Stadt erwacht

1. Die Straßenlampen löschen aus,
Erwachen ist in jedem Haus,
vom Turm klingt früher Glockenschlag,
die Dämmrung bricht, es kommt der Tag!

2. Jetzt gibt es Leben in der Stadt:
Die Zeitungsfrau, sie trägt ihr Blatt,
der Bäckerbursch fährt Brötchen aus,
der Milchmann ruft in jedes Haus.

3. Zum Tagwerk eilen Mann und Frau,
die Maurer gehn an ihren Bau,
Fabriksirenen heulen auf,
der Arbeitsgang nimmt seinen Lauf!

4. Der Schutzmann stellt die Ampeln ein,
sie geben roten, grünen Schein
für Autos, Räder, Lastkraftwagen,
die nun schon durch die Straßen jagen.

5. Es hupt, es quietscht, es zischt und rattert,
es rauscht, es brummt, es dröhnt, es knattert,
es ruft, es lärmt, es pfeift und schreit;
begonnen hat die Arbeitszeit!

Worte: Muth-Velthaus   Weise: Richard Rudolf Klein

Zum Geburtstag

Worte und Weise: Moritz Hauptmann

Ständchen zum Geburtstag

Fanfare

Aus Eger

Drei kleine Festmusiken

sofort anschließen:

sofort anschließen:

Weise aus: Michael Prätorius „Terpsichore" (1612)

Neujahr

1. Ein neu-es Jahr nimmt sei-nen Lauf. Die jun-ge Son-ne
4. Und Gott, der e-wig mit uns war, be-hüt uns auch im

Schluß

1. steigt her-auf.
4. neu-en Jahr!

2. { Bald schmilzt der Schnee, bald taut das Eis.
   Bald schwillt die Knos-pe schon am Reis. }

3. { Bald werden die Wie-sen voll Blu-men sein,
   die Äcker voll Korn, die Hügel voll Wein. }

Von Anfang (4. Strophe)

Dazu:

Glockenspiel

Xylophon

Pauke in F
ad lib.

Schluß   Von Anfang

Worte: volkstümlich   Weise und Satz: Richard Rudolf Klein
Aus: R. R. Klein „Kinderlieder und Reime", Fidula-Verlag, Boppard

Die zwölf Monate

1. Im Januar fängt an das Jahr.
Sehr kalt ist oft der Februar.
Im März der Winter scheiden will,
der Osterhas kommt im April,
der Osterhas kommt im April.

2. Im Mai freut sich die ganze Welt.
Im Juni blüht das Korn im Feld.
Im Juli pflückt man Kirsch und Beer.
|: August plagt uns mit Hitze sehr. :|

3. September reift den guten Wein.
Oktober fährt Kartoffeln ein.
November tobt mit Schnee und Wind.
|: Dezember uns das Christkind bringt. :|

Worte: volkstümlich   Weise: Richard Rudolf Klein

Zur gleichen Melodie zu singen:

Des Jahres Kreis

1. Die Luft ist kalt, der Himmel klar,
es knirscht der Schnee im Januar.
Der Februar geht rasch vorbei
|: mit Trubel, Tanz und Narretei. :|

2. Im März sagt sich der Frühling dann
mit Veilchen, Krokus, Primeln an.
Und stürmt und schneit's auch im April,
|: der Frühling schafft doch, was er will. :|

3. Es lacht der schöne Monat Mai
uns Blumen, Gras und Laub herbei.
Der Juni lockt uns aus dem Haus
|: zum Wandern in die Flur hinaus. :|

4. Des Jahres schönste Ferienzeit
beschert der Juli weit und breit.
Beim Baden brennt uns im August
|: der Buckel braun und braun die Brust. :|

5. September lädt zur Ernte bald
uns ein in Garten, Feld und Wald.
Und dem Oktober, bunt belaubt,
|: wird schnell der schöne Schmuck geraubt. :|

6. Mit Regen und mit Sturmgebraus
zwingt der November uns ins Haus.
Dezember bringt Adventsgesang
|: und hellen Weihnachtsglockenklang. :|

Worte: F. A. Blumau

Dreikönigsmarsch „Es ist für uns eine Zeit angekommen"

Weise: Aus der Schweiz

Die heiligen drei Könige

1. Die heili - gen drei Köni - ge aus Moh - ren - land, sie ka - men ge - gan - gen Hand in Hand. Sie brach-ten Weih-rauch und Myr - rhen. Ein Stern-lein tät sie schön

füh - ren. Ei - a, Christ-kin-de-lein.

2. Und als sie traten in Bethlehems Stall,
da fanden sie Joseph und die Hirten all,
dazu Maria, die Reine,
mit einem Heiligenscheine.
Eia, Christkindelein.

3. Maria, die wiegte ihr Jesuskind zur Ruh
und Hirtenbuben sangen dazu;
sie sangen so selig, so süße
wie Englein im Paradiese.
Eia, Christkindelein.

4. „Wir waren allesamt in den Tod verlorn.
Hosianna, heut ist uns der Heiland geborn!"
So lieblich ging ihre Weise.
Maria, die weinte leise.
Eia, Christkindelein.

Worte: Adolf Holst   Weise: Richard Rudolf Klein

Zur Fasenacht

Zur Fa - se-nacht, zur Fa - se-nacht steht auf dem Kopf das Häus-chen. Da tanzt die Katz die gan - ze Nacht mit ei - nem wei - ßen Mäus-chen.

2. Zur Fasenacht, zur Fasenacht
hab ich ne lange Nase
und setze mir das Hütchen auf
von meiner kleinen Base.

Worte: Karl Haug 2. Strophe: R. R. Klein Weise: Richard Rudolf Klein
Aus: Meinolf Neuhäuser „Bunte Zaubernoten" Verlag Moritz Diesterweg, Frankfurt am Main

Die Tiere machen Karneval

2. Auf einem Fahrrad fährt der Bär,
in Stiefeln kommt der Ackergaul
die Gans hält einen Luftballon,
die Kuh hält eine Pfeif im Maul.

3. Der Ziegenbock schreit Kikeriki,
der Dachs schlägt einen Purzelbaum,
der Uhu mit dem Jägerhut
spielt Dudelsack, man glaubt es kaum.

4. Und wenn sie auf dem Berge sind,
hoch oben vor dem Schloß,
dann singen sie, dann tanzen sie,
im Takte stampft das Roß.

Worte: Josef Guggenmos *Weise: volkstümlich

Narrentanz

★Weise: Aus Köln

Die Jahreszeiten

1. Kommt der Frühling Schritt für Schritt, bringt er Gras und Blumen mit, tra la la, bringt er Gras und Blumen mit.

2. Korn und Klee in seiner Hand,
geht der Sommer durch das Land,
tra la la,
geht der Sommer durch das Land.

3. Buntes Laub, Kartoffeln, Wein,
bringt der Herbst ins Land hinein,
tra la la . . . .

4. Und der strenge Wintersmann,
der bringt Eis und Schlittenbahn,
tra la la . . . .

5. Ein und zwei und drei und vier:
alle vier, die lob ich mir,
tra la la . . . .

Worte: Albert Sixtus ★Weise: volkstümlich

Frühlingslied

1. Das Eis zerspringt, der Schneemann schmilzt, die Sonnenstrahlen wärmen, und bald beginnt am Weidenbaum das Bienenvolk zu schwärmen.

2. ↗ Schneeglöckchen blühn,
das Feld wird grün,
die Kinder kreiseln wieder,
↗ und auf dem Hof
das Finkenpaar
singt erste Frühlingslieder.

3. Wir ziehen aus
das Winterkleid,
der Bauer pflügt die Erde,
er sät das Korn
hinein, damit
bald Brot gebacken werde.

Zwischenspiel

Worte: Johanna Kraeger ★Weise: volkstümlich

Die Stare sind da

1. Noch bläst der Wind von Böhmen her, von Grönland und vom Weißen Meer, die Wolken gehen tief und schwer voll Schnee, voll Schnee- so - so, (so - so!)

2. Doch plötzlich sind die Stare da,
sie schwatzen, lachen laut: Haha,
der Frühling kommt! Er ist ganz nah!
Hehe! Hurra!
Hoho!

3. Die Stare sind bestimmt nicht dumm,
sie sind vergnügt und voll Gesumm,
sie wissen ganz genau, warum!
Der Wind dreht um!
Sei froh!

4. Und kommt der Wind von Süden her,
von Afrika, vom blauen Meer,
dann ist das Leben nicht mehr schwer –
es sei denn für den weißen Bär
im Zoo.

Worte: Siegfried von Vegesack   Weise: Richard Rudolf Klein

Frühlingsbotschaft

1. Hoch oben auf dem Eichenast eine

2. Es schmilzt der Schnee, es kommt das Gras
die Blumen werden blühen;
es wird die ganze weite Welt
in Frühlingsfarben glühen.

3. Die Meise läutet den Frühling ein,
ich hab's schon lang vernommen;
er ist zu mir bei Eis und Schnee
mit Singen und Klingen gekommen.

Worte: Hermann Löns *Weise: volkstümlich

Der Frühling kommt bald

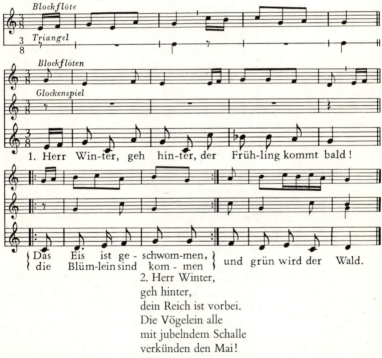

2. Herr Winter,
geh hinter,
dein Reich ist vorbei.
Die Vögelein alle
mit jubelndem Schalle
verkünden den Mai!

Worte: Christian Morgenstern   Weise und Satz: Richard Rudolf Klein
Weise aus: R. R. Klein „Wir singen und spielen", Möseler Verlag, Wolfenbüttel und Zürich

Der Frühling ist da

2. Juchhei, juchheisassassa!
Der Frühling, der Frühling ist da!
Die Vögel sich schwingen,
sie jubeln und singen.
Es hallt und es schallt
in Feld und in Wald.
Der Frühling, der Frühling ist da!

3. Juchhei . . . .
Es grünen die Wälder,
es grünen die Felder.
Die Blümelein sprießen
in Gärten und Wiesen.
Der Frühling . . . .

4. Juchhei . . . .
So lasset und springen
und scherzen und singen!
Zum Reigen herbei
im fröhlichen Mai!
Der Frühling . . . .

5. Juchhei . . . .
Es lachen die Himmel,
es lachen die Erden.
Es freut sich alles,
wenn's Frühling will werden.
Der Frühling . . . .

Worte: volkstümlich   Weise und Satz: Richard Rudolf Klein

April

Worte, Weise und Satz: Hans Poser
Aus: Hans Poser „Der fröhliche Kinderkalender", Fidula-Verlag, Boppard

Ostern

2. Kommt die Osterzeit,
macht der Hase sich bereit,
nimmt ein Körblein in die Hand,
schreitet rüstig über Land
und im Garten, hinterm Haus,
legt er seine Eier aus.

3. Lieber Osterhas,
leg uns Eier in das Gras!
Leg sie in die Hecken!
Tu sie gut verstecken,
lauter bunte, unten und oben!
Wolln dich auch bis Pfingsten loben.

*Worte und *Weise: volkstümlich

Osterfreude

2. Das himmlisch Heer im Himmel singt,
Halleluja, Halleluja,
die Christenheit auf Erden klingt,
Halleluja, Halleluja.

3. Jetzt grünet, was nur grünen kann,
Halleluja, Halleluja,
die Bäum zu blühen fangen an,
Halleluja, Halleluja.

4. Es singen jetzt die Vögel all,
Halleluja, Halleluja,
jetzt singt und klingt die Nachtigall,
Halleluja, Halleluja.

5. Der Sonnenschein jetzt kommt herein,
Halleluja, Halleluja,
und gibt der Welt ein neuen Schein,
Halleluja, Halleluja.

Worte und Weise: Cornersches Gesangbuch, Köln 1623

Vier alte Frühlingsreigen

Der Winter ist vergangen

Weise: Niederländisches Lautenbuch um 1600

Im Maien, im Maien

Weise: Aus dem Rheinland

Kommt, ihr Gspielen

Weise: Aus England

Der Maien ist kommen

Weise: Aus der Schweiz

Für meine Mutter

2. Was bring ich wohl an diesem Tag
meiner lieben Mutter?
Geh aufs Feld hinaus und frag,
ob es mir nicht raten mag.
Sonnenschein, Blümelein,
bring ich meiner Mutter.

3. . . . .
Geh ich in den Wald und frag,
ob er mir nicht raten mag.
Vogelsang, Vogelsang,
Sonnenschein, Blümelein,
bring ich meiner Mutter.

4. . . . .
Geh zur Kirche hin und frag,
ob sie mir nicht raten mag.
Glockenklang, Vogelsang,
Sonnenschein, Blümelein,
bring ich meiner Mutter.

5. . . . .
Geh zum Vater hin und frag,
ob er mir nicht raten mag.
Lust und Scherz, Lust und Scherz,
Glockenklang, Vogelsang,
Sonnenschein, Blümelein,
Bring ich meiner Mutter.

6. . . . .
Geh zur Mutter selbst und frag,
ob sie mir nicht raten mag.
Kinderherz, Lust und Scherz,
Glockenklang, Vogelsang,
Sonnenschein, Blümelein,
und ein Küßlein, süß und fein,
bring ich meiner Mutter.

Worte: Ludwig Reinhard   Weise: Richard Rudolf Klein

Muttertag

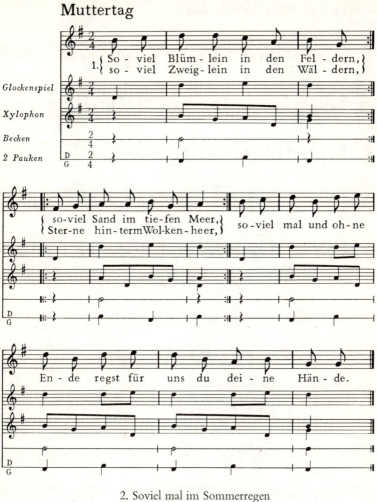

2. Soviel mal im Sommerregen
Tropfen fallen allerwegen,
soviel Stunden hat das Jahr,
soviel und noch öfter gar
soll der liebe Gott dein Leben
ganz mit Glück und Gnad umgeben!

Worte: Heinrich Breuer   Weise und Satz: Richard Rudolf Klein
Aus: R. R. Klein „Kinderlieder und Reime" Fidula-Verlag, Boppard

Ständchen zum Muttertag

Weise aus: Tielman Susato „Danserye" (1551)

Juchhei, Blümelein

2. Juchhei, Menschenherz!
Klinge und springe!
Wolltest du das Letzte sein,
da sich alle Wesen freun?
Juchhei, heididei!
Klinge und springe!

Worte: Ernst Moritz Arndt   Weise: Friedrich Silcher

Kleine Lektion

1. Das Gras lugt aus der Krume und ist schon richtig grün. Die Anemonen leuchten. Wer lehrte sie zu blühn?

2\. Das Gänslein Güldenschnabel
kroch gestern aus dem Ei.
Heut schwimmt's schon auf dem Weiher,
fragt nicht, wie tief er sei.

3\. Der Storch steht froh im Neste
und ruft: Bin wieder da!
Wer lenkte ihm den Fittich
herauf von Afrika?

4\. Das Bächlein in der Wiese,
es weiß den rechten Lauf.
Die Sterne gehen unter,
die Sterne gehen auf.

5\. Sie kennen ihre Stunde
und brennen, wenn sie schlägt.
Ist einer, der sie führte?
Ist einer, der sie trägt?

6\. Gott selbst hat sie erlesen,
beschirmt und hat sie gern,
das Gänslein Güldenschnabel,
das Hälmlein und den Stern.

7\. Er läßt das Gras ergrünen,
er weiß, wann es verblich,
er zählt den Sand am Meere,
er kennt auch dich und mich.

Worte: Rudolf Otto Wiemer   Weise: Richard Rudolf Klein

Gleich und gleich

1. Ein Blu-men-glöck-chen vom Bo-den her-vor

war früh ge-spros-sen in lieb-li-chem Flor.

2. Da kam ein Bienchen
und naschte fein,
die müssen wohl beide
für einander sein.

Worte: Johann Wolfgang von Goethe   Weise und Satz: Richard Rudolf Klein

Meine Blümchen haben Durst

1. Mei-ne Blümchen ha-ben Durst. Hab's gar wohl ge-se-hen.

Hur-tig, hur-tig will ich drum hin zum Brun-nen ge-hen.

2. Frisches Wasser geb ich euch.
Wartet nur ein Weilchen!
Wartet nur, ihr Röslein rot
und ihr blauen Veilchen!

3. Seht, hier habt ihr Wasser schon!
Trinkt nun mit Behagen!
Blüht und duftet noch recht lang,
wollt ihr Dank mir sagen!

Worte: Georg Christian Dieffenbach   *Weise: volkstümlich

Zur gleichen Melodie zu singen:

Ward ein Blümlein mir geschenket

1. Ward ein Blümlein mir geschenket,
habs gepflanzt und habs getränket.
Vöglein, kommt und gebet acht!
Gelt, ich hab es recht gemacht?

2. Sonne, laß mein Blümlein sprießen!
Wolke, komm, es zu begießen!
Richt empor dein Angesicht!
Liebes Blümlein, zage nicht!

3. Sonne ließ mein Blümlein sprießen,
Wolke kam, es zu begießen.
Jedes hat sich brav bemüht
und mein liebes Blümlein blüht.

Worte: Heinrich Hoffmann von Fallersleben

Zur gleichen Melodie zu singen:

Wer hat die Blumen nur erdacht

1. Wer hat die Blumen nur erdacht?
Wer hat sie so schön gemacht,
gelb und rot und weiß und blau,
daß ich meine Lust dran schau?

2. Wer hat im Garten und im Feld
sie auf einmal hingestellt?
Erst wars noch so hart und kahl,
blüht nun alles auf einmal.

3. Wer ist's, der sie alle ließ
duften auch so schön und süß,
daß die Menschen, groß und klein,
sich in ihrem Herzen freun?

4. Wer das ist und wer das kann
und nicht müde wird daran?
Das ist Gott in seiner Kraft,
der die lieben Blumen schafft.

Worte: Wilhelm Hey

Regenliedchen

1. Dribb, drabb, drobb, dribb, drabb, drobb, wenns reg - net,
reg-nets auf den Kopp, reg - nets auf Ar - me und auf
Bei - ne. Ach, lie - be Son - ne, schei - ne!

2. Dribb, drobb, drabb, dribb, drobb, drabb,
ein jedes Blümchen kriegt was ab
und auch die Bäume und die Steine.
Ach, liebe Sonne, scheine!

Worte und Weise: Hans Poser
Aus: Hans Poser „Tina, Nele und Kathrein", Möseler Verlag, Wolfenbüttel und Zürich

Regenwetter

1. Was ist das für ein Wetter heut! Es regnet ja wie toll! Die Straße ist ein großer See, die Gosse über-voll, die Gosse über-voll.

2. Wir aber haben frohen Mut
und sehn dem Wetter zu,
erzählen uns gar mancherlei
|: daheim in guter Ruh. :|

3. Der Sperling duckt sich unters Dach,
so gut er eben kann,
und Nero liegt im Hundehaus
|: und knurrt das Wetter an. :|

4. Laß regnen, was es regnen will!
Laß allem seinen Lauf!
Und wenns genug geregnet hat,
|: so hörts auch wieder auf. :|

Worte: Friedrich Halm   ★Weise: volkstümlich

Zur gleichen Melodie zu singen:

Sommerregen

1. Ein warmer Sommerregen
macht nun die Erde naß,
es klingt auf allen Wegen
|: und rinnt ins Wasserfaß. :|

2. Wir warten und wir lauschen,
der Garten trinkt sich satt,
man hört den Regen rauschen,
|: es tropft von jedem Blatt. :|

3. Das Wetter ist verzogen,
wir eilen froh hinaus
und sehn den Regenbogen
|: als Brücke überm Haus. :|

Walter Krumbach

Regentag

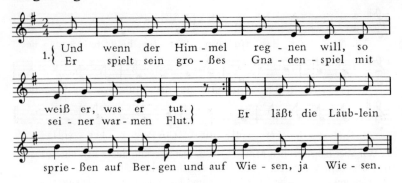

2. Und wenn der Himmel Schmerzen gibt,
so ist es recht und gut,
Ich weiß, daß er mich dennoch liebt,
und habe frohen Mut.
Es wird mir wohl gedeihen
wie Regenflut im Maien,
ja Maien.

3. Und wenn die Gänslein barfuß gehn,
so hat es Gott gewollt,
und muß ich als ihr Hirte stehn,
so hab ich es gesollt.
So will ich auf dem Rasen
der Freude Flöte blasen,
ja blasen.

Worte: Ruth Schaumann Weise: Richard Rudolf Klein

Ich bin der Wind

Spie - len find', kann ich nicht lie - gen las - sen.

2. Das Stückchen Blech,
das ist mir recht,
das taugt zum Musizieren;
klingt auch das Lied wer weiß wie schlecht,
mich kann so was nicht rühren.

3. Das bunte Laub
und dort der Staub
soll'n um den Kopf dir fliegen,
und schimpfst du auch, ich stell mich taub,
mir ist das ein Vergnügen.

4. Ich hol vom Dach
mit lautem Krach
mir ein paar Ziegel runter
und freue mich und sing und lach,
wenn's drüber geht und drunter.

5. Wird mir's zu dumm,
so dreh ich um
dir deinen Schirm, den runden;
greif nur recht fest um ihn herum,
sonst ist er bald entschwunden.

6. Kind, bleib zu Haus
und geh nicht raus,
mit mir ist nicht zu spaßen!
Ich bin der Wind, ich muß hinaus,
muß spielen, lärmen, rasen.

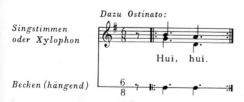

Worte: F. A. Blumau   Weise und Satz: Richard Rudolf Klein

Wetterwunsch

2. Rausche, rausche, Regen!
Gib uns deinen Segen!
Wasch die armen Sünder rein!
Gib uns Brot und gib uns Wein!
Rausche, rausche, Regen!
Gib uns deinen Segen!

3. Schön ist allerwegen
Sonnenschein und Regen.
Auch der Wind muß pfeifen,
soll die Ernte reifen.
Regen, Wind und Sonnenschein,
mögen bei unserm Hause sein.

Worte: Paula Dehmel *Weise: volkstümlich

Windfreude

2. Wenn der Wind durch die Sträucher und Bäume fegt,
feg ich mit.
Die Blütenkätzchen feg ich zu Hauf
und setz mir vom Ahorn ein Nashütchen auf,
susewitt, susewitt.

3. Wenn der Wind durch die Turmlöcher singt und pfeift,
pfeif ich mit.
Sein Jodler ist für mich gar nicht schwer,
und den Brummbaß lerne ich nebenher,
susewitt, susewitt.

Worte: Paula Dehmel   Weise: Richard Rudolf Klein

Ene mene Tintenfaß

1. Gruppe

1. E-ne me-ne Tin-ten-faß, geh zur Schul und ler-ne was! Wenn du was ge-ler-net hast, komm nach Haus und sag mir das!

Schluß

2. Gruppe

{ Ger-ne ge-he ich zur Schul, }
{ sit-ze still auf mei-nem Stuhl, }
{ les und sing und mal und schreib, }
{ daß ich ja kein Dumm-kopf bleib. }

Von Anfang

1. Gruppe: 2. Ene mene Tintenfaß,
geh zur Schul und lerne was!
Wenn du was gelernet hast,
komm nach Haus und sag mir das!

2. Gruppe: Ist hernach die Schule aus,
springe ich vergnügt nach Haus.
Mutter sagt, weil ich so lern,
hat sie mich nochmal so gern.

Worte: Friedrich Güll   Weise: Richard Rudolf Klein

Der Milchmann

1. Milch-mann, Milch-mann, füll den Topf und füll die Kann! Geld will ich dir ge-ben. Schütt mir nichts da-ne-ben, da-ne-ben!

2. Milchmann, Milchmann,
füll den Topf und füll die Kann!
Kuchen wolln wir rühren,
Schlecken und probieren.

3. Milchmann, Milchmann,
füll den Topf und füll die Kann!
Müslein wolln wir kochen,
Mutter hats versprochen.

Milchmann, Milchmann,
füll den Topf und füll die Kann!
Mohrle sitzt am Näpfchen,
wartet auf ein Tröpfchen.

Worte und Weise: Wilhelm Bender   Satz: R. R. Klein
Weise aus: W. Bender „Unsere Katz heißt Mohrle", Verlag B. Schott's Söhne, Mainz

Der Briefträger

2. Tatü, tata, die Post ist da!
Für uns ist auch ein Brief darin
von Tante Toni aus Berlin,
die will uns bald besuchen
bei Kaffee und bei Kuchen.
Die Post ist da, tatü, tata!

3. Tatü, tata, die Post ist da!
Der Bote klingelt bei Frau Schmitt,
für sie bringt er ein Päckchen mit.
„Das war es wohl für heute,
jetzt geh ich, liebe Leute!"
Die Post war da, tatü, tata.

4. Tatü, tata, die Post war da!
Mit fünfzig Sachen braust davon
per Moped unser Postillion
und wird uns auch besorgen
die Post am nächsten Morgen.
Die Post war da, tatü, tata!

Worte: Werner Bautsch   Weise: Richard Rudolf Klein

Allerlei Handwerk

Aufzug der Zünfte

Aus Österreich

Die Bergleute „Wir Bergleute hauen fein"

Weise: Aus Franken

Die Maurer „Und wenn das Glöcklein fünfmal schlägt"

Weise: Aus Schlesien

Der Schäfer „Freut euch, ihr Schäfersleut"

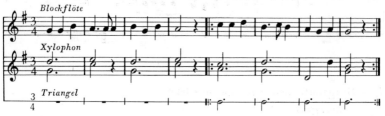

Weise: Aus Mähren

Bauernmarsch

Aus Mähren

Der Schneider „Schneidri, schneidra, schneidrum"

Weise: Aus Franken

Der Tischler

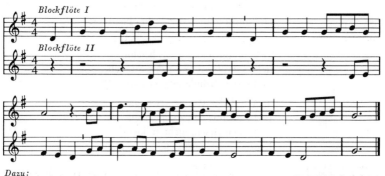

Dazu:
Becken (hängend)

Weise: Aus Lothringen

Schustertanz „Ja, so wickeln wir"

Weise: Aus Mecklenburg

Schornsteinfeger

1. Hallo, wer kommt denn da hervor? Der ist ja schwärzer als ein Mohr, trägt einen Besen wohlgemut und oben den Zylinderhut.

2. Das ist das Schornsteinfegerlein!
Der macht die Essen alle rein,
kehrt den Kamin in jedem Haus
und guckt zum Schornstein oben raus.

3. Dort oben ist es wunderschön!
Er kann die ganze Stadt besehn,
sieht jedes Haus und jeden Strauch,
und unsere Schule sieht er auch.

4. Ach, liebe Mutter, sei so gut
und kauf mir den Zylinderhut
und einen Besen, nicht zu klein!
Ich möchte Schornsteinfeger sein!

Worte: Adolf Holst   Weise: Richard Rudolf Klein
Aus: Meinolf Neuhäuser „Bunte Zaubernoten", Verlag Moritz Diesterweg, Frankfurt am Main

Kleine Handwerker

1. Dachdeckermeister Schwindelfrei rutscht auf dem Dach herum. Und kommt der wilde Pustewind, dann fällt der Meister um. O haha, o haha, dann

ist die Sa - che dumm. Denn kommt der wil - de Pu - ste - wind, dann fällt der Mei - ster um.

2. Klempner, Klempner Messingblech
sitzt oben auf dem Dach,
und guckt der Storch zum Nest heraus,
dann macht der Meister Krach.
O ha ha, o ha ha,
dann macht der Meister Krach.
Denn wer ihn bei der Arbeit stört,
den wirft er von dem Dach.

3. Tischler, Tischler, Sägespan,
der Tischler Zischzischzisch,
macht uns ne lange, lange Bank
und auch nen großen Tisch.
O ha ha, o ha ha,
nen großen, großen Tisch
mit lauter süßen Kuchen drauf,
der Tischler Zischzischzisch.

4. Pinsel, Pinsel, Malerpinsel
Klickerklackerkleck!
Der kleckst die ganze Stube voll,
das ganze Haus voll Dreck!
O ha ha, o ha ha,
das ganze Haus voll Dreck!
Und dabei lacht er uns noch aus,
der Maler Kleckerkleck.

Worte: Erich Colberg   Weise und Satz: Richard Rudolf Klein
Aus: R. R. Klein „Kinderlieder und Reime", Fidula-Verlag, Boppard

Ich baue mir ein Haus

2. Muß ein tiefes Loch erst graben,
daß wir einen Keller haben;
Mauern, Wände muß ich messen,
Fenster, Türen nicht vergessen.

3. Ist dann Stein auf Stein geschichtet,
wird zum Schluß das Dach errichtet.
Findet ihr mein Haus nicht fein?
Morgen ziehen wir hinein:

4. Unser Dackel und der Kater,
dazu Mutter und der Vater,
Großmama und Großpapa
und die Schwester Barbara.

5. Und vom vierten Stock im Haus
schau ich dann zum Fenster raus,
froh, daß oben und auch unten
jeder seinen Platz gefunden.

Worte: F. A. Blumau   Weise und Satz: Richard Rudolf Klein

Der Tischler

1. Ich bin ein Tischler, ich hob-le den Tisch. Da hüp-fen die Spä-ne zu Bo-den, zisch, zisch!

2. Und wäre kein Tischler,
der 's Bettlein gemacht,
wo möchtest du schlafen
und träumen heut nacht?

Worte: Hans Fraungruber   Weise und Satz: Richard Rudolf Klein

Zur gleichen Melodie zu singen
Der Schneider

1. Ich bin der Schneider,
ich mach das Gewand
und führe die Nadel
mit fleißiger Hand.

2. Was wär das ein Übel,
potz Elle und Scher,
spräng Hansel und Michel
im Hemde umher!

Hans Fraungruber

Zur gleichen Melodie zu singen
Der Bauer

1. Ich bin der Bauer,
ich pflüge das Feld
und säe und ernte,
was ich bestellt.

2. Dann hat das Kindlein
stets Brot genug —
drum ehre den Bauer
und ehre den Pflug!

Hans Fraungruber

Lied der Schmiede

2. Ping und pang und kling und klang,
klingt es von der Schmiede her.
Ping und pang und kling und klang,
klopft der Hammer laut und schwer.
Funke, roter Funke, sprühe!
Eisen, schwarzes Eisen, glühe!
Meister, Freund der Morgenfrühe,
schmïede, schmiede immerzu!

Dazu Ostinato:

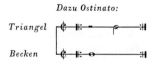

Worte: Herbert Kümmel   Weise: Wolfgang Hauck

Der Bauer singt

2. Der Mist, den man vom Schwein erhält,
den trag ich auf das Feld,
ja, ja, ja, ja,
den trag ich auf das Feld.

3. Das Feld, das fein gedüngt ist, das
gibt frisches, grünes Gras,
ja, ja . . . .

4. Das frische, grüne Gras, juhu,
das kriegt bei mir die Kuh,
ja, ja . . . .

5. Die Kuh, die auf der Weide steht,
gibt Milch mir, früh und spät,
ja, ja . . . .

6. Ein wenig Milch, so weiß und rein,
die kriegt das runde Schwein,
ja, ja . . . .

7. Das Schweinchen, das gesättigt ist,
das gibt mir wieder Mist,
ja, ja . . . .

Gesprochen: Nun fängt das Lied vom Bauersmann
von vorne an,
von vorne an!

Worte: James Krüss   ★Weise: volkstümlich

So sieht unsre Wirtschaft aus

2. Der Bäcker, der backt weiße Wecken, wi-wa-weiße Wecken,
braunes Brot und Streuselschnecken, Stri-Stra-Streuselschnecken.
Weiße Wecken, Streuselschnecken,
Mühlenhaus, Mehl heraus:
So sieht unsre Wirtschaft aus.

3. Der Schlachter schlacht ein feistes Schwein, fi-fa-feistes Schwein
und pökelt Speck und Schinken ein, Schi-Scha-Schinken ein.
Feistes Schwein, Schinken ein,
weiße Wecken, Streuselschnecken,
Mühlenhaus ...

4. Der Bauer hat 'ne bunte Kuh, bi-ba-bunte Kuh,
die gibt uns Milch und Butter dazu, Bi-Ba-Butter dazu.
Bunte Kuh, Butter dazu,
feistes Schwein, Schinken ein,
weiße Wecken, Streuselschnecken,
Mühlenhaus ...

5. Die Henne legt ein frisches Ei, fri-fra-frisches Ei
und macht dabei ein laut Geschrei, li-la-laut Geschrei.
Frisches Ei, laut Geschrei,
bunte Kuh, Butter dazu,
feistes Schwein, Schinken ein,
weiße Wecken, Streuselschnecken,
Mühlenhaus ...

Worte: Nach Paula Dehmel   Weise: Adolf Lohmann, geb. 1907 (1946)
Aus: „Die Liedergarbe", Christophorus-Verlag, Freiburg i. Br.

Der faule Jakob

2. Jakob zu der Arbeit geht,
Jakob kommt ein Tag zu spät!
Jakob hin, Jakob her,
Jakob ist ein Zottelbär.

3. Jakob fängt zu sägen an,
Jakob ist ein fleißger Mann!
Einmal hin, einmal her,
Jakob ist ein Zottelbär.

4. Jakob froh zu Tische sitzt.
Seht, wie unser Jakob schwitzt!
Zehnmal hin, zehnmal her,
Jakob bleibt ein Zottelbär.

Worte und Weise: volkstümlich

Gott will uns speisen

Gott will uns spei - sen, Gott will uns trän - ken.

Nun laßt uns still die Au - gen sen - ken
und al - ler sei - ner Gä - ste den - ken:

1. Gruppe ... *2. Gruppe*

Fisch im See, Has im Klee, Biene im Honigduft,
Nest im Dorn, Mäuschen im Korn, Fröschlein im Teich,
Wiese und Wald, jung und alt, Menschen und Tiere,

Schwalbe in Himmelsluft, al - le lädt er zu Ti - sche ein,
arm und reich, al - len gibt er Speise und Trank, für
groß und klein, al - le sag ich: Gott sei Dank!

Worte: Jörg Zink   Weise: Richard Rudolf Klein

Tischgebet

Worte und Weise: volkstümlich   Fassung: Gottfried Wolters
Aus: „Alle gute Gabe", Möseler Verlag, Wolfenbüttel und Zürich

Das Brot

2. Geknetet und gut
gebräunt in der Glut
liegt's duftend und frisch
als Brot auf dem Tisch.
|: Laßt uns, eh wir's brechen,
den Segen erst sprechen! :|

Worte: Julius Lohmeyer   Weise: Richard Rudolf Klein

Brot, wo kommst du her?

2. Mehl, wo kommst du her?
Ei, das ist nicht schwer:
Bin vom Müller kommen,
der hat Korn genommen,
Korn wie Gold so gehl –
und so bin ich Mehl.

3. Korn, wo kommst du her?
Ei, das ist nicht schwer:
Bin vom Bauern kommen,
hat den Halm genommen,
Hälmlein aus dem Dorn –
und so bin ich Korn.

4. Halm, wo kommst du her?
Ei, das ist nicht schwer:
Bin vom Würzlein kommen,
hat mich mitgenommen
aus der Erde Schoß –
und so wuchs ich groß.

5. Erde, Sonne, Meer,
sprecht, wo kommt ihr her?
Sind von Gott herkommen,
daß für alle Frommen
wachse Brot im Land,
Brot aus Gottes Hand.

Worte: Rudolf Otto Wiemer   Weise und Satz: Richard Rudolf Klein

Kraut und Rüben

Worte und Weise: volkstümlich

Trariro

1. Tra - ri - ro, der Som-mer, der ist do!
Wir wol-len in den Gar-ten
und wolln des Som-mers war-ten.
Jo, jo, jo, der Som-mer, der ist do!

2. Tra ri ro,
der Sommer, der ist do!
Wir wollen in die Hecken
und wolln den Sommer wecken.
Jo, jo, jo,
der Sommer, der ist do!

3. Tra ri ro,
der Sommer, der ist do!
Der Sommer hat gewonnen,
der Winter hat verloren.
Jo, jo, jo,
der Sommer, der ist do!

Worte und Weise: Aus der Pfalz

Zur gleichen Melodie zu singen:

Sommerlied

1. Tra ri ra,
der Sommer, der ist da!
Wir wollen in den Garten gehn
und schnell mal nach den Beeren sehn.
Tra ri ra,
der Sommer, der ist da.

2. Tra ra ri,
wie Zucker schmecken sie.
Und dort die Kirschen blank und fein,
die wollen auch gegessen sein.
Tra ra ri,
wie Zucker schmecken sie.

3. Tra ri raus,
in Wald und Feld hinaus!
Und brennt die Sonne noch so heiß,
und rinnt auch von der Stirn der Schweiß,
tra ri raus,
in Feld und Wald hinaus!

4. Tra ri ratsch,
ins Wasser pitschepatsch!
Da ist's so kühl,
da wird man frisch
und lustig wie ein Zappelfisch.
Tra ri ratsch,
ins Wasser pitschepatsch!

Worte: Arthur Schoke

Der Kuckuck

1. Kommt die liebe Sommerszeit, trägt der Wald ein grünes Kleid, und der Kuckuck, Kuckuck, Kuckuck, der Kuckuck, der Kuckuck schreit.

2. Wenn du dann den Kuckuck fragst,
wie lang du noch leben magst,
ruft der Kuckuck, Kuckuck, Kuckuck,
der Kuckuck wohl hundertmal.

3. Hast du einen Pfennig dann,
wirst du wohl ein reicher Mann,
weil der Kuckuck, Kuckuck, Kuckuck,
der Kuckuck das machen kann.

4. Hast du keinen Pfennig nicht,
bleibst du stets ein armer Wicht,
doch den Kuckuck, Kuckuck, Kuckuck,
den Kuckuck, den kümmerts nicht.

Worte und Weise: Hans Poser
Aus: Hans Poser „Tina, Nele und Kathrein", Möseler Verlag, Wolfenbüttel und Zürich

Johannistag

Ansingelied „Veile, Rose, Blümelein"

Weise: Aus dem Elsaß

Johannisreigen

Weise: Aus dem Rheinland

Kirschen - Liedchen

Der Bauer: 2. Komm nur her und pflück sie ab,
weil ich ja so viele hab,
und die Vögel, welch ein Schreck,
fressen alle, alle, alle, alle weg.

Das Kind: 3. Doch ich komm ja nicht allein,
hab noch sieben Brüderlein,
und wir pflücken ganz geschwind,
bis die Kirschen alle aufgegessen sind.

Worte und Weise: Hans Poser
Aus: Hans Poser, „Der fröhliche Kinderkalender", Fidula-Verlag, Boppard

Sommerliches Gebet

2. Nimm das Vieh auf deinen Weiden
unter deine Hut,
und die Hirten, die da leiden
in der Mittagsglut!

3. Laß die Winde leiser wehen
vor der Sonne Bild!
Laß den Regen niedergehen,
der die Brunnen füllt!

4. Führe uns auf jeder Straße
– Wiesenland und Stein –
aber laß nach deinem Maße
uns zum Heil es sein!

5. Ohne dessen Plan vom Dache
nicht ein Sperling fällt,
schütze uns vor Ungemache,
Herr der Welt!

Worte: Rudolf Hagelstange   Weise: Richard Rudolf Klein

Heuernte

2. Liegt ein Zittern in der Luft
von des jungen Heues Duft.
Haufen dann bei Haufen liegt,
drüberhin ein Falter fliegt.

3. Über Kopf wir purzeln drein!
Lachen, Lust und Sonnenschein!
Wonnig liegt sich's da und weich,
grade wie im Himmelreich.

Worte: Albert Sergel   ★Weise: volkstümlich

Gottes Segen

2. Lehr deine Güte uns begreifen,
führ gnädig uns durch alle Zeit,
laß uns auch wachsen, laß uns reifen
durch diese Zeit zur Ewigkeit.

Worte: Verfasser unbekannt   Weise: Richard Rudolf Klein

Ich weiß einen Stern

2. Ich weiß einen Stern,
drauf Blumen blühn,
drauf herrliche Schiffe
durch Meere ziehn.
Er trägt uns, er nährt uns,
wir haben ihn gern:
|: ♩ Erde, so heißt
unser lieber Stern. :|

Worte: Josef Guggenmos   Weise: Richard Rudolf Klein

Gefunden

2. Ich wollt es brechen,
da sagt es fein:
Soll ich zum Welken
gebrochen sein?
Ich grub's mit allen
den Würzlein aus,
zum Garten trug ich's
am hübschen Haus.

3. Und pflanzt es wieder
am stillen Ort;
nun zweigt es immer
und blüht so fort.

Worte: Johann Wolfgang von Goethe   Weise: Richard Rudolf Klein

Sommerlied

2. In dem Garten bin ich gstanden,
hab den Immlein zugeschaut;
|: habn gebrummet, habn gesummet,
haben Zellein gebaut. :|

3. Auf der Wiese bin ich gangen,
sah die Sommervöglein an;
|: habn gesogen, habn geflogen,
gar zu schön habns getan. :|

Worte: Nach Johann Wolfgang von Goethe   Weise: volkstümlich

Zwiesprache

*) Wiederholungen nur in der 2. Strophe

Der Marienkäfer: 2. ♩ Roten Purpur trag ich,
Flüglein viere schlag ich!
Gar kein Flüglein regst du,
nur zwei Bein bewegst du!
Sechs Beine rühr ich,
sieben Punkte führ ich,
fliege höher als der Turm!
Wer ist nun der kleine Wurm?

Worte: Wilhelm Raabe   ★Weise: volkstümlich

Froschkonzert

2. Quak, quak, quak ...

Worte und Weise: volkstümlich

Gestern abend ging ich aus

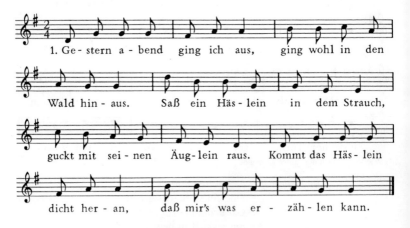

Einer: 2. Bist du nicht der Jägersmann,
legst auf mich die Flinte an?
Wenn dein Jagdhund mich erschnappt,
hast du Jäger mich ertappt.
Wenn ich an mein Schicksal denk,
ich mich recht von Herzen kränk.

Alle: 3. Armes Häslein, bist du blaß.
Geh dem Bauer nicht ins Gras!
Geh dem Bauer nicht ins Kraut,
sonst bezahlst mit deiner Haut.
Sparst dir manche Not und Pein,
kannst mit Lust ein Häslein sein.

Worte und Weise: volkstümlich

Zur gleichen Melodie zu singen:

Das Häschen

1. Häschen saß im grünen Gras,
Häschen dachte: „Was ist das?
Kommt dort nicht der Jäger her
mit dem großen Schießgewehr?"
Husch, mein Häschen, husch, husch, husch
in den dichten Haselbusch!

2. Jäger zieht den Hahn schon auf.
Liebes Häschen, lauf doch, lauf!
Ach, jetzt legt er an, es knallt,
daß es durch die Büsche schallt.
Schau, wie's Häschen laufen kann,
hat doch keine Stiefel an!

Worte: Beltz Lesebogen

Ferienpläne

2. Der Peter hat ein Dreierzelt,
drin schlafen wir bei Nacht.
So brauchen wir kein Herbergsgeld,
und wenn uns wo ein Platz gefällt,
dann wird das Zelt dort aufgestellt,
und dann wird Rast gemacht.

3. Ein Paddelboot ist auch dabei,
von Eberhards Familie,
auch Decken für uns alle drei
und Töpfe für Kartoffelbrei,
den koch ich selber ohne Scheu
mit Dill und Petersilie.

4. Nun kommen unsre Ferien bald.
Am Samstag wolln wir starten.
Wir starten bei der Gasanstalt.
Wir fahren in den Tannenwald,
wir fahren ohne Aufenthalt.
Ich kann es kaum erwarten.

Worte: James Krüss   Weise: Richard Rudolf Klein

Sommerferien

1. Die Schule ist aus und die Arbeit hat Ruh! Nun klappen die Bücher und Hefte wir zu, nun klappen die Bücher und Hefte wir zu.

2. Jetzt geht es hinaus
auf das Feld, in den Hain,
|: um Blumen zu suchen
und buntes Gestein. :|

3. Da rauschen die Bäume,
da murmelt der Quell,
|: und über uns singen
die Vögel so hell. :|

4. Die Sonne am Himmel
guckt lachend darein
|: und färbt uns die Wangen
mit bräunlichem Schein. :|

5. Und macht uns das Herze
so froh und so weit.
|: Was ist doch der Sommer
für selige Zeit! :|

Zwischenspiel

Worte: Paul Richter   Weise: Richard Rudolf Klein

Wanderlied „Schön ist die Welt"

Weise: Aus Hessen

Die grüne Stadt

1. Ich weiß euch eine schöne Stadt,
   die lauter grüne Häuser hat.
   Die Häuser, die sind groß und klein,
   und wer nur will, der darf hinein.

2. Die Wege, die sind weit und breit
   mit bunten Blumen überstreut;
   das Pflaster, das ist sanft und weich,
   und seine Farb den Häusern gleich.

3. Es wohnen viele Leute dort,
und alle lieben ihren Ort,
ganz deutlich sieht man dies daraus,
daß jeder singt in seinem Haus.

4. Die Leute, die sind alle klein;
denn es sind lauter Vögelein,
und meine ganze grüne Stadt, –
sagt, welchen Namen sie wohl hat?

Worte: Ernst Ortlepp   *Weise: volkstümlich

Zur gleichen Melodie zu singen:

Der Sommer

1. Der Sommer kommt im Wanderschritt
und bringt die liebe Sonne mit.
So wandern sie feldaus, feldein
vom Frührot bis zum Abendschein.

2. Der Kirschbaum lockt, die Wiese blüht,
es reift das Korn, der Pfirsich glüht.
Im heißen Land manch Brünnlein quillt,
im kühlen Wald manch Beerlein schwillt.

3. Das Brünnlein aber quillt für dich,
das Beerlein aber schwillt für dich.
So geh auch du im Wanderschritt;
: Sommer und Sonne wandern mit.

Fritz Leisinger

Wanderliedchen

2. Wir freuen uns am Leben,
an Gottes schöner Welt,
|: an Gottes Wunderweben :|
in Wald und Flur und Feld.

Worte: Hanns Rupp   ★Weise: volkstümlich

Heidelbeeren

1. Gehn wir in den Wald hinaus!
Laßt uns fleißig suchen! Morgen gibt's in jedem Haus Heidelbeerenkuchen.

2. Holen wir ihn heim geschwind
aus der Bäckerstube!
Morgen lacht ein jedes Kind
wie ein Negerbube.

3. Und dann bleibt ihr schön zu Haus
mit der schwarzen Nase.
Reckt mir nicht die Zunge raus,
draußen auf der Straße!

Worte: Friedrich Schuster   Weise: Richard Rudolf Klein

Zur gleichen Melodie zu singen:

Beeren suchen

1. Kommt mit uns! Die Zeit ist da.
Kommt mit uns hinaus!
Die roten Beeren reifen jetzt
im grünen Walde drauß.

2. Eine in den Korb hinein,
die andre in den Mund!
Kommt mit uns! Die Beeren sind
jetzt rot und reif und rund.

Worte: Hanna Schachenmeier

Das Echo

2. Kommt bald, kommt bald!
Kommt in den grünen Wald!
Halli, hallo!
Wo ist das Echo, wo?
|: Wo? Wo? Wo? :|
Hallo, hallo!

3. Wo steckt's? Wo steckts?
Das Echo ist verhext!
Halli, hallo!
Wo ist das Echo, wo?
|: Nirgendwo! :|
Hallo, hallo!

Worte: Hanna Schachenmeier   Weise: Richard Rudolf Klein

Wo bin ich gewesen?

bringt ja nur mit, wer im Tan-nen-wald war."

2. „Was tat ich im Walde?
Sprich, weißt du das auch?"
„Hast Beerlein gepickt
von dem Heidelbeerstrauch!
O sieh nur, wie blau
um dein Mündchen du bist!
Das bekommt man ja nur,
wenn man Heidelbeern ißt."

Worte: Johannes Trojan Weise: Richard Rudolf Klein

Die fünf Hühnerchen

2. Und als kein Wurm mehr war zu sehn,
da sagten alle: Piep!
Da hatten die fünf Hühnerchen
einander wieder lieb.

Worte: Victor Blüthgen Weise: Richard Rudolf Klein
Weise aus: Meinolf Neuhäuser „Bunte Zaubernoten", Verlag Moritz Diesterweg, Frankfurt am Main

Ferien auf dem Bauernhof

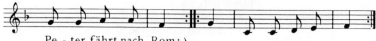

2. Der hat dort einen großen Hof
und einen großen Stall
mit einer Menge Kühe drin,
wohl fünfzig an der Zahl.

3. Die melkt elektrisch jeden Tag
der Onkel ganz allein
und kümmert sich inzwischen noch
ums Futter für das Schwein.

4. Die Hühner gackern unentwegt,
und manchmal kräht der Hahn.
Die Lies' läuft vor dem Gänserich
davon, so schnell sie kann.

5. Am allerliebsten fahr ich mit
dem Traktor auf das Feld,
und Dagobert, der Kettenhund,
rennt nebenher und bellt.

6. Durchs Kornfeld schleicht ein Ungetüm,
in Staub und Lärm gehüllt;
es mäht und drischt und bündelt Stroh,
der Weizen Säcke füllt.

7. = 1. Der Fritz . . . .

Worte: Werner Bautsch   Weise: Richard Rudolf Klein

Das Dorf

2. Und die Tauben, die flattern da oben am Dach,
und die Enten, die schnattern |: da unten am Bach. :|

3. Auf der Brück steht ein Junge, der singt, daß es schallt.
Kommt ein Wagen gefahren, |: der Fuhrmann, der knallt. :|

4. Und der Wagen voll Heu, der kommt von der Wiese,
und oben drauf sitzen |: der Hans und die Liese. :|

Worte: Robert Reinick   Weise: Richard Rudolf Klein

Der Brunnen

2. Dann baden sich zwei Finken
mit lustigem Gezank.
Sie wetzen ihre Schnäbelchen
und singen Gott zum Dank.

Worte und Weise: Wilhelm Bender
Aus: Wilhelm Bender „Unsre Katz heißt Mohrle", Verlag B. Schott's Söhne, Mainz

Auf dem See

2. Hejohe! Hejohe!
Wir fahren auf dem See.
Im Wind die bunten Wimpel wehn,
am Ufer viele Leute stehn.
Hejohei! Hejohei!
Mein Schifflein rauscht vorbei.

Worte: Hanna Schachenmeier   Weise: Richard Rudolf Klein
Aus: „Das musische Mosaik", Fidula-Verlag, Boppard

Im Boot

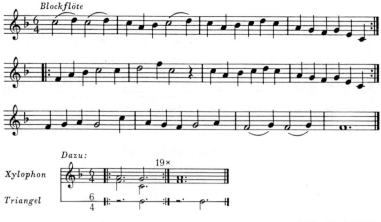

Richard Rudolf Klein

Badestrand

1. Sommerhimmel, blau und weiß,
Mauern, Straßen, grau und heiß,
wie ein Ofen glüht der Stein,
schwitzend, pustend groß und klein.
Kühles Wasser, weißer Sand –
oh, wie herrlich ist der Strand.

2. Lisa, Gustel, Jan und Hein –
schwarz die Hand und schwarz das Bein –
tauchen in die klare Flut –
Junge, Junge, tut das gut!
Wasserkühle, Sonnenbrand –
oh, wie herrlich ist der Strand!

3. Jan, die Beine auf dem Grund,
paddelt wie ein nasser Hund;
Lies und Gustel schauen zu;
Heini brüllt: Wo ist mein Schuh?
Ach, da schwimmt er, voll zum Rand –
oh, wie herrlich ist der Strand!

4. Aber jetzt erfrischt und rein
in das nasse Zeug hinein;
Arme, Beine, blank und braun,
appetitlich anzuschaun,
und das nasse Haar voll Sand –
oh, wie herrlich ist der Strand!

Worte: Carl Dantz   Weise: Richard Rudolf Klein

Frohsinn

Froh zu sein, bedarf es wenig, und wer froh ist, der ist König.

Dazu Ostinato:

Glockenspiel
Xylophon
Schellen-
trommel
Becken

Worte und Weise: volkstümlich

Kommt und laßt uns tanzen

Kommt und laßt uns tanzen, springen!

Worte: Fritz Jöde   Weise: Aus Frankreich, 13. Jahrhundert
Aus: „Der Kanon", Möseler Verlag, Wolfenbüttel und Zürich

Die Musikanten

2. Ich bin ein Musikante und komm aus Schwabenland.
Wir sind die Musikanten und kommen aus Schwabenland.
Ich kann spielen auf der Trompete.
Wir können spielen auf der Trompete.
|: Trä tä tä tä :|

3. . . . . . auf der Flöte.
|: Didl lid lid lid :|

4. . . . . . auf der Trommel.
|: Tiri dom dom dom :|

Worte und Weise: volkstümlich

Musikkapelle

1. Was macht meine kleine Geige?
Fi li fi li fei, fi li fi li fei
macht meine kleine Geige.

2. Was macht meine kleine Flöte?
|: Tü li tü li tü :|
macht meine kleine Flöte.

3. Was macht meine kleine Trompete?
|: Tä tä rä tä tä :|
macht meine kleine Trompete.

4. Was macht meine Mandoline?
|: Zimpe zimpe zirr :|
macht meine Mandoline.

5. Was macht mein großer Brummbaß?
|: Schrumm, schrumm, schrumm :|
macht mein großer Brummbaß.

Worte und Weise: Aus Mähren

Denkt daran!

1. Alle Kinder dieser Erde sind vor Gottes Angesicht eine riesige Familie, ob sie's wissen oder nicht.

2. Der Indianerbub im Westen
und aus China Li Wang-Lo
und der schwarze Negerjunge
und der kleine Eskimo.

3. Alle sind genau so gerne
froh und lustig auf der Welt,
freu'n sich über Mond und Sterne
unterm gleichen Himmelszelt.

4. Spielen, lernen, singen, lachen,
raufen sich auch mal geschwind.
Alle sind sie Gottes Kinder,
welcher Farbe sie auch sind.

5. Laßt uns immer daran denken:
Jedem Kind sein Land gefällt.
Wir sind alle Schwestern, Brüder
in der schönen, schönen Welt.

Worte: Christel Süßmann ★Weise: volkstümlich

Zwölf Tänze aus fremden Ländern

Alter Reihentanz aus Holland

Altfranzösische Gaillarde

Tanz aus Spanien

Altenglische Gigue

Schottische Tanzweise

Tanz aus Dänemark

Norwegischer Tanz

Schwedischer Bauernmarsch

Ländler aus Österreich "Der Hirt von Grunau"

Tanz aus Ungarn

*) Strophenweise abwechselnd mit Glockenspiel und Holzblock

Slowakisches Tanzlied „Hei, die Pfeifen klingen"

*) Strophenweise abwechselnd mit Glockenspiel und Handtrommel

Tanzlied aus Rußland

Der Baukasten

2. Kommt herbei und sehet an,
was ich alles bauen kann!
Und an jeglichem Gebäude
hab ich meine große Freude.
Doch wenn meine Zeit ist aus,
reiß ich nieder jedes Haus.

3. Kommt herbei und sehet an,
was ich alles bauen kann!
Und so reiß ich immer nieder,
und so bau ich immer wieder,
bin zum Bauen stets bereit,
denn es kostet nichts als Zeit.

Worte: Heinrich Hoffmann von Fallersleben   Weise: Richard Rudolf Klein

Der Kreisel

2. Immer im Kreis herum
tanzt er wie toll und dumm.
Ohne Rast, ohne Ruh,
so läuft er immerzu.
Rum didl dadl dum.

3. Will er mal stille stehn,
will er sich nicht mehr drehn,
dann kommt die Peitsche schnell
und hilft gleich von der Stell.
Rum didl dadl dum.

Worte: Ernst Lausch   Weise: Richard Rudolf Klein

Die Schaukel

1. Wie schön, sich zu wiegen, die Luft zu durchfliegen am blühenden Baum! Bald vorwärts hinüber, bald rückwärts herüber, es ist wie ein Traum.

2. Die Ohren, sie brausen,
die Haare, sie sausen
und wehen hintan!
Ich schwebe und steige
bis hoch in die Zweige
des Baumes hinan.

3. Wie Vögel sich wiegen,
sich schwingen und fliegen
im luftigen Hauch:
bald hin und bald wieder,
hinauf und hernieder,
so fliege ich auch!

Worte: Heinrich Seidel   Weise und Satz: Richard Rudolf Klein

Mein Pferd

1. Hü, hott! Hü, hott! Hei, mein Pferd läuft flott. Wie der Wind, so geht's voran, pan pata pan pata pan.

2. Hü, hott! Hü, hott!
Hei, mein Pferd läuft flott.
Wenn es durch das Wasser patscht,
flitsch und flitsch und flatsch.

3. Hü, hott! Hü, hott!
Hei, mein Pferd läuft flott.
Wenn es durch die Wälder bummelt,
bum bada bum bada bum.

*Worte: Aus Frankreich   Weise und Satz: Richard Rudolf Klein
Aus: Meinolf Neuhäuser „Bunte Zaubernoten", Verlag Moritz Diesterweg, Frankfurt am Main

Mein Roller

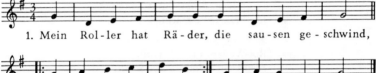

1. Mein Rol-ler hat Rä-der, die sau-sen ge-schwind,
bei-nah wie ein Au-to, bei-nah wie der Wind.

2. Ein Bein auf dem Roller,
das andre am Stoß.
|: Dann rufe ich Abfahrt, :|
und schon geht es los.

3. Ich saus um die Ecke,
kannst nicht so schnell sehn.
|: Kommt einer entgegen – :|
da ist es geschehn.

4. Pardauz, unsre Köpfe!
Wie hat das gekracht!
|: Das gibt eine Beule! :|
Doch ich hab gelacht.

Worte: Herbert Kümmel   Weise: Richard Rudolf Klein

Fußballspiel

2. Wer etwas erleben will,
der macht mit beim Fußballspiel.
Rechtsaußen Bernd ist unser Star,
macht alle Fußballträume wahr.
Er dribbelt, flankt – gebt acht! –
Die linke Latte kracht.

3. Wer etwas . . . .
Rot-Weiß ist unser Favorit,
Blau-Gelb kommt außer Schritt und Tritt.
Der Bernd legt prächtig vor,
schon sitzt der Ball im Tor!

4. Wer etwas . . . .
Der Thomas hat den Bernd gelegt,
Schiedsrichter Klaus ist sehr erregt.
Elfmeter, das ist klar!
Kurt hält ihn wunderbar.

5. Wer etwas . . . .
Blau-Gelb kommt plötzlich mächtig auf,
die Tore fallen drauf und drauf.
Der Torwart schaut ganz dumm
in seinem Tor herum.

6. Wer etwas . . . .
Und in der Hitze des Gefechts
bombt Bernd den Ball zu weit nach rechts,
ein Fenster klirrt am Haus:
Das Fußballspiel ist aus!

Worte: Werner Bautsch   Weise: Richard Rudolf Klein

Abschied

Wann und wo, wann und wo sehn wir uns wie-der und sind froh?

Worte und Weise: volkstümlich

Scherzlied „Des Abends, wenn ich früh aufsteh"

Weise: Aus Hessen

Verkehrte Welt

*) Die beiden Unterstimmen können auch mit Instrumenten ausgeführt werden.

2. Ich nehme die Stube und |: kehre den Besen, :|
die Mäuse haben die |: Katze gefressen. :|
Ho, ho, ho . . . .

3. Der Schäfer hat den |: Hund gebissen, :|
drei Lämmer haben den |: Wolf zerrissen. :|
Ho, ho, ho . . . . .

4. Es reiten die Tore zum |: Reiter hinaus, :|
das Wirtshaus schaut zum |: Schankwirt hinaus. :|
Ho, ho, ho . . . .

5. Der Hafer hat das |: Pferd verzehrt, :|
drum ist das Lied ganz |: umgekehrt. :|
Ho, ho, ho . . . .

Worte und Weise: Aus Franken

Ein verdrehter Traum

Worte: Herbert Kümmel   Weise: Richard Rudolf Klein

Von Anfang (3. Strophe)

Aus Glas

2. Alle Leut, die auf der Straße gehen,
bleiben stehen,
um einander durch mich anzusehen.

3. Und die vielen andern Kinder schrein:
Ei, wie fein!
Ich, ich, ich will auch durchsichtig sein.

4. Doch ein Lümmel stößt mich in den Rücken.
Ich fall hin.
Klirr, da liege ich in tausend Stücken.

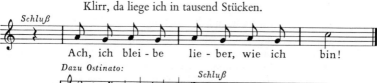

Worte: Josef Guggenmos   Weise und Satz: Horst Weber
Weise aus: Horst Weber „Miesemausekätzchen", Fidula-Verlag, Boppard

Peter fährt um die Welt

1. Ich fuhr mal in die Welt hinein. Und ganz allein. Nach Nord und Süd und kreuz und quer, jedoch das ist schon lange her, zehn Jahre ungefähr.

2. Erst war ich bei den Eskimos,
da war was los!
Das ganze Land ist kalt und weiß,
und Berge sah ich, ganz aus Eis,
die waren riesengroß.

3. Den Walfisch hab ich dort dressiert,
ganz ungeniert.
Er schwamm gehorsam an das Land
und fraß mir Zucker aus der Hand.
Das ist bestimmt passiert.

4. Ich war auch schon in Afrika.
Heiß war es da.
Heiß wie beim Bäcker, wenn er backt.
Die Neger liefen ziemlich nackt
durchs heiße Afrika.

5. Als ich dann durch die Wüste ging,
das war ein Ding,
da kam ein Löwe auf mich zu.
Ich aber sagte voller Ruh:
„Ich bin ein Schmetterling!"

6. Der Löwe blieb verwundert stehn
und ließ mich gehn.
Er brummte: „Geh mir aus dem Licht,
denn Schmetterlinge freß ich nicht."
Da sprach ich: „Danke schön."

7. Auch Asien am Gelben Meer
gefiel mir sehr.
Dort sah ich Kaiser Wang-tsching-wo
in einem seidenen Kimono,
das war ein würdiger Herr.

8. Er sprach zu mir in ernstem Ton:
„Mein lieber Sohn!"
Zwei Jahre lang war ich sein Gast
im goldenen Wang-tsching-wo-Palast.
Dann bin ich ihm entflohn.

9. Dann war ich in Amerika.
Fein war es da.
Die Indianer riefen: „Hau!"
Und eine alte Negerfrau
schrie: „Peter, bist du da?"

10. Das ganze Volk fast kam herbei
mit viel Geschrei.
Man gab mir den Zylinderhut
von Onkel Sam. Der stand mir gut.
Und ich rief stolz „Good bye!"

Worte: James Krüss   ★Weise: volkstümlich

Kauderwelsch

2. Ni nu no,
tiku taku to,
tiku taku tabutau,
tiku taku wabutau,
tiku taku to.

3. Schi scha schu,
libbe labbe lu,
libbe labbe lebberli,
libbe labbe zebberli,
libbe labbe lu.

Worte und Weise: Ortfried Pörsel
Aus: „Das musische Mosaik", Fidula-Verlag, Boppard

Die sonderbare Stadt Tempone

2. Kennt ihr schon die Stadt Tempone,
wo Prinz Rückwärts residiert?
Es ist seltsam und erstaunlich,
was tagtäglich dort passiert!
Nachts holt man sich dort zum Frühstück
frische Semmeln aus dem Mund,
legt sie fein auf einen Teller
und dann gibt man sie dem Hund.

3. Kennt ihr schon . . . .
Bücher liest man dort vom Ende
bis zum Anfang mit Genuß.
Und dann bringt man sie dem Händler,
der das Buch bezahlen muß.

4. Kennt ihr schon . . . .
Auch ein Schulhaus soll es geben.
Das ist seltsam wie sonst keins.
Für die größten Albernheiten
kriegt ein Kind dort eine Eins.

5. Kürzlich sprach ich mit dem Sohne
eines alten Stadtgeschlechts.
Danach liegt die Stadt Tempone
hinterm Monde – ziemlich rechts!

Worte: James Krüss *Weise: volkstümlich

Lügenlied

1. Unser Goldfisch singt wie ne Nachtigall.
   Und die Katze kräht im Kaninchenstall.
   Das klingt recht sonderbar und doch ist alles wahr.
   Wer besser lügen kann, der kommt dann nach mir dran.

2. Schubsen, Balgerei
gibt's bei Jungen nie.
Unser Laubfrosch macht
immer kikriki.
Das klingt recht sonderbar
und doch ist alles wahr.
Wer besser lügen kann,
der kommt dann nach mir dran.

3. Auf dem Dache hoch
steht ein Elefant,
der ist aus dem Zoo
gestern fortgerannt.
Das klingt recht sonderbar . . . .

4. Unser Lehrer braucht
rote Tinte kaum;
Fehler schreiben wir
alle nur im Traum.
Das klingt recht sonderbar . . . .

5. Weil das Lügenlied
tausend Strophen hat,
singen wir den Rest
in der nächsten Stadt.
Das klingt recht sonderbar . . . .

Worte: Kurt Hängekorb Weise: Richard Rudolf Klein

Das ist mir ein Wunder

2. Hab ich ein paar Ziegen, Ziegen,
die die Kinder wiegen, wiegen.
Ach Wunder, liebes Wunder!
Wie die Ziegen Kinder wiegen,
wie die Bären Stuben kehren,
das ist mir ein Wunder.

3. Hab ich ein paar Krähen, Krähen,
die den Rasen mähen, mähen.
Ach Wunder, liebes Wunder!
Wie die Krähen Rasen mähen,
wie die Ziegen Kinder wiegen,
wie die Bären Stuben kehren,
das ist mir ein Wunder.

4. Hab ich ein paar Kätzchen, Kätzchen,
die mir backen Plätzchen, Plätzchen.
Ach Wunder, liebes Wunder!
Wie die Kätzchen backen Plätzchen,
wie die Krähen Rasen mähen,
wie die Ziegen Kinder wiegen,
wie die Bären Stuben kehren,
das ist mir ein Wunder.

5. Hab ich ein paar Finken, Finken,
die gern Kaffee trinken, trinken.
Ach Wunder, liebes Wunder!
Wie die Finken Kaffee trinken,
wie die Kätzchen backen Plätzchen,
wie die Krähen Rasen mähen,
wie die Ziegen Kinder wiegen,
wie die Bären Stuben kehren,
das ist mir ein Wunder.

6. Hab ich ein paar Hasen, Hasen,
die die Flöte blasen, blasen.
Ach Wunder, liebes Wunder!
Wie die Hasen Flöte blasen,
wie die Finken Kaffee trinken,
wie die Kätzchen backen Plätzchen,
wie die Krähen Rasen mähen,
wie die Ziegen Kinder wiegen,
wie die Bären Stuben kehren,
das ist mir ein Wunder.

Worte: Jiddisches Volksgut   Weise: Richard Rudolf Klein

Mäusefest

2. Zur Stube hinaus,
ins Mausloch hinein,
das Mäuslein ist drinnen,
die Katz kann nicht rein.

3. Da gibt es ein Fest
in Mausemanns Nest.
Das Kätzlein steht draußen,
ist traurig gewest.

4. Tra la la la la . . . .

Dazu:

Worte und Weise: Aus dem Westerwald

Zur gleichen Melodie zu singen:

Katzenfest

1. ↯ Susemusekätzchen,
wo willst du hingehn?
Ich will nach des Großvaters
Hause hingehn.

2. Da schlachten sie Schwein,
da trinken sie Wein,
Da wolln wir mal lustig
und fröhlich sein.

Worte: Aus Westfalen

Der Schupomann

Worte: Hanna Schachenmeier   Weise und Satz: Richard Rudolf Klein
Aus: „Das musische Mosaik", Fidula-Verlag, Boppard

An der Straße

2. An der Straße stehn wir gern,
sehn, was kommt aus nah und fern.
Das hupt und rattert,
das quietscht und knattert,
das geht hin und her
in dichtem Verkehr!
Da kommt ein Essotank,
man riecht Benzingestank.
Doch Treibstoff braucht man überall
für Kraftfahrzeuge ohne Zahl.

3. . . . .
Da kommt die Müllabfuhr,
sie macht heut ihre Tour.
Sie hält vor einem jeden Haus
und leert die vollen Tonnen aus.

4. . . . .
Da kommt ein Schwertransport,
bringt einen Bagger fort.
Dahinter fährt ein Ferienbus,
die Leute winken froh zum Gruß.

5. . . . .
Da kommt die Polizei.
Ein Unfall ruft sie bei.
Mit Blaulicht und mit Martinshorn,
so bahnt sie sich den Weg nach vorn.

Worte und Weise: Richard Rudolf Klein

Mein Auto

2. Die Bremse los, der Motor heult,
der Winker raus, der Wagen eilt
mal links herum, mal rechts herum.
Macht Platz! Tüt tüt, brumm brumm!

3. Der Schutzmann winkt mir mit der Hand:
Fahr immer rechts am Straßenrand!
Fahr rechts auch um die Kurven rum!
Fahr rechts! Tüt tüt, brumm brumm!

Worte: Rolf Heerdt Weise: Richard Rudolf Klein

An der Tankstelle

2. Der Tankwart faßt den Zapfhahn,
die Zeiger drehn sich leis.
|: Die Zähluhr sagt genau dir :|
die Menge und den Preis.

3. „Noch einen Wunsch, Herr Meier?"
„Ich glaub, die Luft ist knapp,
|: und wischen Sie die Scheiben :|
doch bitte auch gleich ab!"

„Natürlich gern, Herr Meier.
Das tu ich sowieso.
|: Sie zahlen Ihre Rechnung :|
wie immer im Büro."

5. „Wünsch gute Fahrt!" – „Ihr Trinkgeld!"
„Ich nehm es dankend an."
|: Der Tankwart greift zur Mütze, :|
dann kommt der nächste dran.

Worte: Herbert Kümmel   ★Weise: volkstümlich

Omnibus, Straßenbahn, U-Bahn

2. Wir fahren mit der Straßenbahn.
Komm, steig ein!
Wir fahren mit der Straßenbahn
ganz allein.
Kommt sie an die Kreuzung ran,
bimmelt sie, so laut sie kann.
Komm, steig ein!

3. Wir fahren mit der U-Bahn.
Komm, steig ein!
Wir fahren mit der U-Bahn
ganz allein.
Fährt die U-Bahn in den Schacht,
wird im Wagen Licht gemacht.
Komm, steig ein!

Worte: Hanna Schachenmeier   Weise: Richard Rudolf Klein

Auf dem Bahnhof

2. Auf den Treppen welche Menge!
An den Schaltern welch Gedränge!
Wie sie stürzen, wie sie laufen,
Schieben, stoßen, Karten kaufen!
mit zwei Koffern, groß und schwer,
hetzt der Vater hinterher.

3. Dampfend auf der blanken Schiene
faucht schon zornig die Maschine.
Plätze suchen! Rufen! Fragen!
Kofferwerfen! Türenschlagen!
Endlich drinnen, klein und groß –
Fertig! Abfahrt! Jetzt geht's los.

Worte: Adolf Holst   Weise: Richard Rudolf Klein

In der Eisenbahn

2. Nun sind wir aus der Stadt heraus
Vorüber fliegt das letzte Haus.
Und rechts und links nur Wald und Feld.
Wir fahren in die weite Welt.
Rum pidi bum pidi bum.

3. Hurra! Wir fahren pfeilgeschwind!
Der Dampf zerflattert hoch im Wind.
Da schau: Die Mühle! Dort ein Weih!
Ein Park! Ein Schloß! Vorbei, vorbei!
Rum pidi bum pidi bum.

4. Der Wärter, stramm, wie sich's gehört,
steht vor dem Haus und präsentiert.
Ein Bauer pflügt mit seiner Kuh,
ein kleines Mädel winkt uns zu.
Rum pidi bum pidi bum.

5. Die Schiffe dort auf breitem Strom!
Und eine Stadt mit stolzem Dom!
Ich seh die Häuser schon ganz nah!
Es pfeift der Zug, gleich sind wir da.
Rum pidi bum pidi bum.

Gerufen: Alles aussteigen!

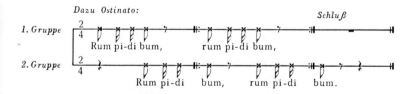

Worte: Adolf Holst   Weise: Richard Rudolf Klein

Auf dem Flugplatz

1. Wir fliegen nach Amerika, bald geht die Reise los!
   Der Düsenklipper steht bereit, und der ist riesengroß.
   Wie ist doch die Welt so schön, wenn wir sie von oben sehn!

2. Die Treppen werden angerollt,
   die Türen gehen auf.
   Heraus kommt eine Stewardess
   und bittet uns hinauf.
   Wie ist doch die Welt so schön,
   wenn wir sie von oben sehn!

3. „Willkommen", sagt der Kapitän,
   „willkommen hier an Bord!
   Nicht rauchen mehr und angeschnallt,
   wir fliegen jetzt gleich fort."
   Wie ist doch . . . .

4. Zur Startbahn rollt der Klipper dann,
   die Düsen heulen auf.
   Wir rasen übers Flugfeld wohl
   mit hundert Sachen drauf.
   Wie ist doch . . . .

5. Das Flugzeug hebt vom Boden ab,
   zieht ein das Fahrgestell,
   erst kurvt es links, dann kurvt es rechts,
   gewinnt an Höhe schnell.
   Wie ist doch . . . .

6. Der Flugplatz liegt tief unter uns,
   ich schau zum Fenster raus,
   und dort der kleine rote Punkt
   ist sicher unser Haus.
   Wie ist doch . . . .

7. Das Fliegen, das gefällt mir sehr,
im hellen Sonnenschein,
und unter uns das Wolkenmeer.
Was könnte schöner sein?
Wie ist doch . . . .

Worte: Werner Bautsch   Weise: Richard Rudolf Klein

Der Riese Kran

1. Am Rand der Stadt, da wird gebaut,
und die Maschinen dröhnen laut,
und höher noch als jedes Haus
guckt drüber Riese Kran heraus.

2. Da steht er steil und steht er spitz
und oben hoch auf einem Sitz
befiehlt dem Riesen nur ein Mann
und schaltet: Dies und das getan!

3. Und er gehorcht und schwenkt herum
und wendet hier und da sich um
und hebt und senkt, läßt los und faßt
so spielend leicht die schwerste Last.

4. Am Rand der Stadt, da wird gebaut,
und wer vorbei kommt, steht und schaut;
es denkt und wünscht sich jedermann:
O hätt ich Kraft wie so ein Kran!

Worte: Theo Stracke   *Weise: volkstümlich

Die Feuerwehr

2. Die Feuerwehr jedoch ist schnell.
Eins, zwei, drei ist sie zur Stell.
Auf der Leiter mit dem Schlauch
spritzen Männer in den Rauch.
Bald erloschen ist die Glut
in der großen Wasserflut.

3. Mit Mut hat jeder, Mann für Mann,
seine schwere Pflicht getan.
Zwar das Haus hat seinen Teil,
doch bald wird es wieder heil.
Aufgeladen, Schlauch und Leiter!
Aufgesessen, es geht weiter!

Worte: Hanna Schachenmeier   3. Strophe: R. R. Klein   Weise: Richard Rudolf Klein

Beim Kaufmann

Worte: Nach Adolf Holst   Weise: Richard Rudolf Klein

Beim Metzger

2. Zwei- bis dreimal durchgehackt
und recht sauber eingepackt,
gut gewogen muß es sein,
legt ein Wurststück noch hinein!

Worte Julius Lohmeyer *Weise: volkstümlich

Die Fischfrau

2. Ob Dorsche oder Schollen,
ich habe, was Sie wollen.
Was Fischer Jan im Meere fing,
ob Kabeljau, ob Hering.
|: Kauft Fische! :|

3. Ob Lachse, ob Makrelen,
Sie brauchen nur zu wählen!
Ob Krebse oder Hummer,
das macht mir keinen Kummer.
|: Kauft Fische! :|

4. Zwei Kilo von den Aalen?
Sie brauchen nur zu zahlen!
Ich bin die Frau, die Fische hat
für eine ganze Stadt!
|: Kauft Fische! :|

Worte: James Krüss *Weise: volkstümlich

Die Gemüsefrau

2. He, ihr Leute! Gute Ware
kauft ihr bei der Mutter Klare
Äpfel, Birnen, seht die Pflaumen!
Kitzelt euch nicht schon der Gaumen?
He, he!

3. He, ihr Leute! Gute Ware
kauft ihr bei der Mutter Klare.
He, ihr Leute kauft schnell ein,
eh die Ware all wird sein!
He, he!

Worte: Verfasser unbekannt *Weise: volkstümlich

Im Kaufhaus

2. Im Fenster kann man Stoffe sehn
und Kleiderpuppen, die sich drehn,
und für den Haushalt mancherlei:
Auch Farbfernseher sind dabei.
Lichtreklame leuchtet auf:
Heut ist Sommerschlußverkauf!

3. Doch drinnen ist ein groß Gedräng,
die Gänge, die sind viel zu eng!
Zwei Dutzend Frauen sind am Werk,
durchwühlen einen Taschenberg.
Lichtreklame . . . .

4. Man wird gestoßen und gedrückt,
ein jeder kauft heut wie verrückt,
schiebt sich zur Treppe und fährt dann
zum nächsten Stock, so schnell er kann.
Lichtreklame . . . .

5. Was soll ich denn hier unten bloß?
Das Spielzeug gibts im Dachgeschoß,
da fahr ich mit dem Fahrstuhl rauf
und pfeife auf den Schlußverkauf!
Lichtreklame . . . .

*) bzw. Winterschlußverkauf

Worte: Werner Bautsch   Weise: Richard Rudolf Klein

Im Zoo

1. Früh beim ersten Sonnenschein hört uns schon der Wärter schrein:

Wärter, hör, be-eil dich sehr! Bring uns unser Futter her!

2. Schläfrig lehnt der Elefant
nach dem Essen an der Wand.
Und das Nilpferd, müd und satt,
räkelt sich im Wasserbad.

3. Auf dem Grunde, steif und kühl,
schlummert still das Krokodil.
Und der Bär nach seiner Art
brummt sich was in seinen Bart.

4. Nur das Pony und Kamel
müssen traben auf Befehl.
Denn zu allen Tageszeiten
wollen kleine Kinder reiten.

5. Und sie reiten längs dem Graben,
wo die wilden Löwen traben,
und vorbei an Eisengattern,
wo die stolzen Adler flattern.

6. Nun wird's kühl, der Tag ist aus,
die fremden Leute gehn nach Haus.
Abends beim Laternenschein,
sind wir wieder ganz allein.

Worte: Samuil Marschak (Übersetzung: Erich Weinert)   Weise: Richard Rudolf Klein

Im Zirkus

1. Erst tönt ein Tusch, dann wirbelt —husch— die ganze Welt im Kreis. Drei Tänzerinnen drehen sich auf Pferdchen, schwarz und weiß.

2. Mit Tipp und Tapp
im Zotteltrab
kommt Baldiun, der Bär.
Er tanzt so gern und kann es kaum,
denn ach, er ist zu schwer.

3. Auch ein Jongleur
hat's ziemlich schwer.
Er spielt mit fünf, sechs, sieben
verschiednen Bällen stundenlang
und muß das täglich üben.

4. Jetzt hopst und springt
und tanzt und singt
die ganze Clown-Familie,
die Vettern Zips und Grips und Schnips
und Onkel Petersilie.

5. Nun wird es still.
Denn mit Gebrüll
und großer schwarzer Mähne
erscheint ein wildes Löwentier
und zeigt die scharfen Zähne.

6. Zum Schlusse naht
in großem Staat
der alte Zaubermeister.
Er zaubert, was er zaubern will,
und Firifunki heißt er.

Worte: James Krüss   Weise: Richard Rudolf Klein

Auf dem Jahrmarkt

1. Heut ist Jahrmarkt. Welche Menge! Pauken, Trommeln und Gedränge! „Hierher, Mutter, sieh mal an! Kauf mir doch den Hampelmann!"

2. Buden, Brezeln und Bananen,
Luftballons und bunte Fahnen!
„Hier Indianer! Fritz komm schnell!"
„Nein! Ich fahre Karussell."

Dazu:

Glockenspiel

Xylophon

Schellentrommel

Worte: Adolf Holst   Weise: Richard Rudolf Klein
Weise aus: Meinolf Neuhäuser „Bunte Zaubernoten" Verlag Moritz Diesterweg, Frankfurt am Main

Zur gleichen Melodie zu singen:
Auf dem Festplatz

1. Seht doch nur, was für ein Trubel,
welch Gedudel und Geschrei!
Schau- und Schieß- und Spielzeugbuden,
Kasperle ist auch dabei!

2. Reit- und Rutsch- und Autobahnen,
Zirkus, Glücksrad, Karussell,
Waffel-, Eis- und Zuckerstände,
alles, alles ist zur Stell.

3. Hier gibt es belegte Brötchen,
drüben ist ein Bratwurststand.
Ist das denn nicht wirklich beinah
wie einst im Schlaraffenland?

Worte: Annemarie Mann

Das Karussell

1. Das Karussell, das dreht sich schnell, wir alle fahren mit: der Martin und die Angela, die Jutta und der Pitt.

2. Voraus da rast die Feuerwehr
mit einer langen Leiter,
die Straßenbahn fährt hinterher
und bimmelt immer weiter.

3. Ein Auto und ein Motorrad,
die hupen unentwegt.
Der Martin ist ganz ärgerlich,
die Jutta aufgeregt.

4. Doch, Gott sei Dank, da naht sie schon,
die hohe Polizei,
macht mit Sirenen soviel Lärm,
als ob allein sie sei.

5. Der Pitt denkt sich: Was soll der Krach,
was geht mich das noch an,
wo ich schon fast erwachsen bin?
Ich geh zur Achterbahn!

Worte: Werner Bautsch   Weise und Satz: Richard Rudolf Klein
Aus: Meinolf Neuhäuser „Bunte Zaubernoten", Verlag Moritz Diesterweg, Frankfurt am Main

Das Kasperltheater

2. Tri, tra, trulala,
Kasperle ist noch nicht da!
Aber ach, das Krokodil
steigt dort aus dem Flusse Nil.
Lieber Kasper, komm doch her
und bring mit dein Schießgewehr!

3. Tri, tra, trulala,
Kasperle ist auch schon da!
Ohne Zittern, ohne Zagen
geht's dem Untier an den Kragen,
und Prinzessin Tausendschön
kann getrost nach Hause gehn.

4. Tri, tra, trulala,
Kasperle ist wieder da!
Die Prinzessin weint vor Freude,
schenkt dem Kasper ihr Geschmeide,
und der König setzt zum Lohn
Kasperle auf seinen Thron.

Worte: Werner Bautsch   Weise: Richard Rudolf Klein
Aus: Meinolf Neuhäuser „Bunte Zaubernoten", Verlag Moritz Diesterweg, Frankfurt am Main

Der Seiltänzer

2. Wie er auf dem Seile geht
mit der langen Stange! Seht!
Wie er schreitet!
Wie er gleitet!
Einen Salto schlägt er gar!
Wunderbar, wunderbar!

Worte: Hanna Schachenmeier   Weise: Friedrich Zipp
Aus: Friedrich Zipp „Der fröhliche Jahrmarkt", Verlag B. Schott's Söhne, Mainz

Der Zauberer

2. Dies das erste Kunststück war.
Findet ihr's nicht wunderbar?
Doch ihr werdet es kaum glauben:
in den Käfig mit den Tauben
zaubere ich eins, zwei, drei,
einen bunten Papagei.

3. Bravo, das war ganz famos!
Doch jetzt geht's erst richtig los;
denn ein Esel soll verschwinden
von der Bühne dort ganz hinten.
Hokuspokus! Ist das wahr?
Weg ist er mit Haut und Haar!

4. Voller Stolz der Meister blickt.
Ist ihm das nicht gut geglückt?
Und die Kinder in der Runde
stehen da mit offnem Munde.
Doch, o Schreck, was hör ich da?
Hinterm Vorhang tönt's: i-a!

Worte: Werner Bautsch   Weise: Richard Rudolf Klein
Aus: Meinolf Neuhäuser „Bunte Zaubernoten", Verlag Moritz Diesterweg, Frankfurt am Main

Der Luftballon

1. Dort steht ein Mann mit Luftballons, mit roten, gelben, blauen.
Davon ich einen haben möcht. Die andern werden schauen.
Schöner, bunter, schöner, bunter Luftballon!

2. So einen schönen Luftballon,
den hat's noch nie gegeben,
hat vorn ein großes Mondgesicht
und Ohren gleich daneben.
Schöner, bunter Luftballon!

3. Der ist schon fünfzig Pfennig wert,
und müßt ich noch mehr zahlen,
ich nähm ihn trotzdem, weil er mir
am besten hat gefallen.
Schöner, bunter Luftballon!

4. Ein Windstoß kommt und bläst mit Macht
vom Kopf mir meine Mütze.
Der wunderschöne Luftballon
schwebt bei der Kirchturmspitze.
Schöner, bunter Luftballon!

Worte: Werner Bautsch   Weise: Richard Rudolf Klein
Aus: Meinolf Neuhäuser „Bunte Zaubernoten", Verlag Moritz Diesterweg, Frankfurt am Main

Kirmestanz

Aus Holland

Erntedank

1. Du hast, o Gott, des Jahres Lauf gekrönt in Deiner Macht: der Felder Samen gingen auf, es glänzt der Erde Pracht.

2. Du hast das ganze Land erfreut,
Du ließt den Regen fließen,
daß aus der dunklen Erd' erneut
die Halme konnten sprießen.

3. Nun wogt das reife Korn im Tal,
nun gibt es keine Not;
nun jauchzt und singt man überall;
denn Du gabst uns das Brot.

Dazu Ostinato:

Glockenspiel

Xylophon

Pauken in D

Worte: Elisabeth Gräfin Vitzthum   Weise und Satz: Richard Rudolf Klein
Aus: R. R. Klein „Kinderpsalmen", Fidula-Verlag, Boppard

Der Herbst ist da

2. Der Herbst, der Herbst, der Herbst ist da!
Er bringt uns Obst, hei hussassa!
Macht die Blätter bunter,
wirft die Äpfel runter.
Heia hussassa, der Herbst ist da.

3. Der Herbst, der Herbst, der Herbst ist da!
Er bringt uns Wein, hei hussassa!
Nüsse auf den Teller,
Birnen in den Keller.
Heia hussassa, der Herbst ist da!

4. Der Herbst, der Herbst, der Herbst ist da!
Er bringt uns Spaß, hei hussassa!
Rüttelt an den Zweigen,
läßt den Drachen steigen.
Heia hussassa, der Herbst ist da!

Worte und Weise: Hans R. Franzke (nach mündlicher Überlieferung)
Aus: „Spielt und singt", Verlag der Gesellschaft der Freunde des vaterländischen Schul- und Erziehungswesens, Hamburg

Das ist der Wind

1. Das ist der Wind, das ist der Wind, das Himmelskind.
Der jagt übers Land die Birnen da-
die Blätter, den Sand.
Der schüttelt vom Bäumchen
die Äpfel, die Pfläumchen,
zu. Ja, ja, ja, ja, der Herbst ist nun da.

2. Der kleine Mann, die kleine Frau,
die zwei sind schlau.
Rasch sammeln in Körbchen
und Schürzen sie ein,
die Äpfel und Pflaumen
und Birnen fein.
Dann haben sie Vorrat, wenn's draußen schneit,
zur Winterszeit.

*Worte: Verfasser unbekannt   Weise: Richard Rudolf Klein

Nüsse schütteln

1. Ging ein Weiblein Nüsse schütteln, Nüsse schütteln, Nüsse schütteln, alle Jungen halfen rütteln, halfen rütteln, rums!
Ging ein Weiblein Nüsse schütteln, Nüsse schütteln, Nüsse schütteln, alle Jungen

hal - fen rüt - teln, hal - fen rüt - teln, rums!

2. Ging ein Weiblein |: Himbeern pflücken,:|
riß dabei den |: Rock in Stücken,:| rums!

3. Hat nicht bloß den |: Rock zerrissen,:|
wird die Schuh auch |: flicken müssen,:| rums!

Worte und Weise: Aus Masuren

Erntelieder und -tänze
Erbsenpflücken

Weise aus: John Playford „The English Dancing Master", 1650

Die Aprikosen

Weise: Aus Frankreich

Birnenpflücken „Jenny pflückte Birnen"

Weise aus: John Playford „The English Dancing Master", 1650

Siebensprung

Weise: Aus Dänemark

Im Oktober

1. Kühler wehen nun die Lüfte, länger sind die Nächte schon, Käfer, Falter, Blumendüfte und die Vögel sind davon.

2. Arm an Blättern stehn die Äste,
alle hat der Sturm verweht.
Krähen sind die letzten Gäste,
wenn der Bauer pflügt und sät.

3. Aber Früchte aller Arten,
Äpfel, Nüsse, süß und gut,
pflückt und schüttelt man im Garten,
wenn es nicht der Herbstwind tut.

Worte: Josef Leitgeb   *Weise: volkstümlich

Jagdweise
Blockflöten

Ludwig van Beethoven
Drei Mühlen

2. Drei Mühlen auf dem Berge stehn,
eine große und zwei kleine.
Die Flügel sich schon langsam drehn
und auch die schweren Steine.
Wind, Wind,
komm geschwind
über Berg und Hügel
in die Mühlenflügel!
Da kommt der Sturm vom wilden Meer:
sch, sch, sch!
Die Mühlen drehn sich immer mehr:
sch, sch, sch!
Klipp, klapp . . . .

3. Drei Mühlen auf dem Berge stehn,
eine große und zwei kleine.
Die Flügel sich im Fluge drehn
und auch die schweren Steine.
Wind, Wind,
fort geschwind
über Berg und Hügel!
Müde sind die Flügel!
Da gehen Wind und Sturm nach Haus:
sch, sch, ss!
und unser Mühlenlied ist aus:
sch, sch, sss!
Klipp, klapp . . . .

Worte: Reinhold Paul Mettke   Weise: Richard Rudolf Klein

Nebel

1. Zum Fenster schauen wir hinaus und sehn nicht Baum, nicht Strauch, nicht Haus. Nebel, Nebel, schwing dich auf den Gebel! Schwing dich auf zur Himmelstür! Laß die liebe Sonn herfür!

2. Kein Auto fährt, kein Hündlein springt,
kein Kätzlein schleicht, kein Vogel singt.
Nebel, Nebel . . . .

3. Ein weißer Schleier hüllt uns ein
und unser Haus steht ganz allein.
Nebel, Nebel . . . .

Worte, Weise und Satz: Richard Rudolf Klein   Kehrreim: volkstümlich

Falle, falle, falle

2. Falle, falle, falle,
kalter Schnee, weißer Schnee,
tust den Blättern nicht mehr weh,
und wir freun uns alle.

Worte: Lisa Bender   Weise: Wilhelm Bender   Satz: R. R. Klein
Weise aus: W. Bender „Neue Lieder für Kinder", R. M. Siegel, München

Laternenmusik

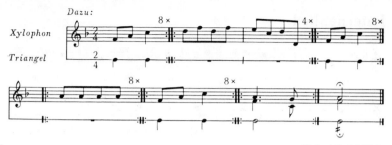

Richard Rudolf Klein

Laterne, Laterne

2. Wir tragen in die Nacht hinaus
Laternen bunt und schön.
Dann löschen wir die Kerzen aus
und woll'n nach Hause geh'n.
Laterne, Laterne . . . .

Worte: Richard Rudolf Klein   Kehrreim: volkstümlich   *Weise: volkstümlich

Laternenlied

2. Laternen auf der Wiese,
sie schweben wie im Flug.
Alle unsre Kinder
wandern mit im Zug.
Scheine hell, mein Leuchtlaternchen,
roter Mond und blaues Sternchen,
viele bunte Lichter.

Worte und *Weise: volkstümlich

Sankt Martin

sein Man-tel deckt ihn warm und gut.

2. Im Schnee saß, im Schnee saß,
im Schnee, da saß ein armer Mann,
hat Kleider nicht, hat Lumpen an.
„O helft mir doch in meiner Not,
sonst ist der bittre Frost mein Tod!"

3. Sankt Martin, Sankt Martin,
Sankt Martin zieht die Zügel an,
das Roß steht still beim armen Mann.
Sankt Martin mit dem Schwerte teilt
den warmen Mantel unverweilt.

4. Sankt Martin, Sankt Martin,
Sankt Martin gibt den halben still,
der Bettler rasch ihm danken will.
Sankt Martin aber ritt in Eil
hinweg mit seinem Mantelteil.

Worte und Weise: Aus dem Rheinland

Märchenmusik

Es war einmal

In Not

Erlösung und Freude

Von Anfang
Richard Rudolf Klein

Die Bremer Stadtmusikanten

2. Wir sind die wohlbekannten,
lustigen Bremer Stadtmusikanten.

Esel: Muß mich plagen,
Säcke tragen
und darf niemals müßig sein,
doch in Bremen soll das Leben lustig sein.
I-a, wauwau, i-a, wauwau,
i-a, kikrikie!

3. . . . .

Hund: Muß stets bellen,
Räuber stellen,
und darf niemals schläfrig sein,
doch in Bremen . . . .

4. . . . .

Katze: Muß mich plagen,
s' Mäuslein jagen,
und wär es auch noch so klein,
doch in Bremen . . . .

5. . . . .

Hahn: Muß mich schinden
und verkünden
schon den ersten Sonnenschein,
doch in Bremen . . . .

Worte, Weise und Satz: Hans Poser
Aus: Hans Poser „Märchenlieder", Fidula-Verlag, Boppard

Das tapfere Schneiderlein

1. Bin das tapfre Schneiderlein, ziehe in die Welt hinein. {Seht mich an! Bin ein Mann!} Wer mich sieht, der sagt sogleich: Siebene auf einen Streich!

2. Fliegen machen viel Verdruß
auf dem süßen Apfelmus.
Schlag ich zu,
hab ich Ruh
vor dem Kribbelkrabbelzeug:
Siebene auf einen Streich!

3. Und im Walde tief versteckt
hab die Räuber ich entdeckt.
Rin in Sack,
Lumpenpack!
Schlag euch alle windelweich:
Siebene auf einen Streich!

4. Riesenvolk und wilde Sau,
alles kenn ich ganz genau!
Fing sie ein
ganz allein!
Jeder sagt: Ich dacht es gleich!
Siebene auf einen Streich!

5. Gibt der König mir zum Lohn
Töchterlein und Königsthron
Überall
Jubelschall!
Keiner kommt im Land mir gleich:
Siebene auf einen Streich.

Worte und Weise: Hans Poser
Aus: Hans Poser „Märchenlieder", Fidula-Verlag, Boppard

Hochzeitsfanfare

Aus Mähren

Der Ritter Eulenweit

1. Seht ihr auf grau-er Fel-sen Schoß die Trüm-mer von dem al-ten Schloß? Da_ hau-ste schon vor lan-ger Zeit der bö-se Rit-ter Eu-len-weit.

2. Vom Volke ward er so genannt,
weil er als Wütrich war bekannt,
der alles sich zum Raub erkor
und auch den Teufel selbst beschwor.

3. Er raubte Rosse, Schaf und Rind,
nicht sicher waren Weib und Kind,
und schleppt's wie eine Eul ins Nest,
dort auf sein Schloß, so stolz und fest.

4. Doch endlich traf der Strafe Blitz
den Frevler auf der Felsenspitz,
durch Feuer ward die Burg zerstört,
vom Ritter ward nichts mehr gehört.

Worte: Franz Graf Pocci   Weise: Wolfgang Hauck

Im Lande der Riesen

1. So geht es im Lande der Riesen:
Da nähen die Schneider mit Spießen.
Da stricken die Mädchen mit Stangen.
Da füttert man Vögel mit Schlangen.
Ja, so geht es im Lande der Riesen.

2. Da malen mit Besen die Maler.
Da macht man wie Kuchen die Taler.
Da schießt man die Mücken mit Pfeilen.
Da webt man die Leinwand aus Seilen.
Ja, so geht es im Lande der Riesen.

Worte: Heinrich Seidel   Weise: Richard Rudolf Klein

Zur gleichen Melodie zu singen:

Im Lande der Zwerge

1. So geht es im Lande der Zwerge:
Die Ameisenhaufen sind Berge.
Das Korn ist ein Felsenstück.
Der Faden ist da ein Strick.
Ja, so geht es im Lande der Zwerge.

2. Die Nadel ist da eine Stange.
Ein Würmlein ist da eine Schlange.
Als Elefant gilt da die Maus.
Der Fingerhut ist da ein Haus.
Ja, so geht es im Lande der Zwerge.

3. Die Fenster sind wie Nadelöhre.
Ein Wasserglas wird da zum Meere.
Der dickste Mann ist dünn wie Haar.
Der Augenblick ist da ein Jahr.
Ja, so geht es im Lande der Zwerge.

Worte: Heinrich Seidel

Schlaraffenland

1. Kommt, wir wollen uns begeben jetzo ins Schlaraffenland!
Seht, da ist ein lustig Leben und das Trauern unbekannt!
Ei, da läßt sich billig zechen und umsonst recht lustig sein!
Milch und Honig fließt in Bächen, aus den Felsen quillt der Wein.

2. Alle Speisen gut geraten,
und das Finden fällt nicht schwer.
Gäns und Enten gehn gebraten
überall im Land umher.
Mit dem Messer auf dem Rücken
läuft gebraten jedes Schwein.
O, wie ist es ein Entzücken!
Ei, wer möchte dort nicht sein!

3. Und die Straßen allerorten,
jeder Weg und jede Bahn
sind gebaut aus Zuckertorten
und Bonbons und Marzipan.
Und von Brezeln sind die Brücken
aufgeführt gar hübsch und fein.
O, wie ist es ein Entzücken!
Ei, wer möchte dort nicht sein!

4. Ja, das mag ein schönes Leben
und ein herrlich Ländchen sein!
Mancher hat sich hinbegeben,
aber keiner kam hinein.

Ja, und habt ihr keine Flügel,
nie gelangt ihr bis ans Tor,
denn es liegt ein breiter Hügel
ganz von Pflaumenmus davor.

Worte: Heinrich Hoffmann von Fallersleben   ★Weise: Tanzlied aus dem 16. Jahrhundert

Die Heinzelmännchen

1. Wie war zu Köln es doch vordem
mit Heinzelmännchen so bequem!
Denn, war man faul, man legte sich
hin auf die Bank und pflegte sich.
Da kamen bei Nacht,
eh man's gedacht,
die Männlein und schwärmten
und kappten und lärmten
und rupften und zupften
und hüpften und trabten
und putzten und schabten.
Und eh ein Faulpelz

140

noch er-wacht, war all sein Ta-ge-werk be-reits ge-macht.

2. Neugierig war des Schneiders Weib,
und macht sich diesen Zeitvertreib:
Streut Erbsen hin die andere Nacht.
Die Heinzelmännchen kommen sacht;
Eins fährt nun aus,
schlägt hin im Haus,
die gleiten von Stufen
und plumpen in Kufen,
die fallen mit Schallen,
die lärmen und schreien
und vermaledeien!
Sie springt hinunter auf den Schall
mit Licht: husch husch husch husch! – verschwinden all.

3. O weh! Nun sind sie alle fort
und keines ist mehr hier am Ort!
Man kann nicht mehr wie sonsten ruhn,
man muß nun alles selber tun!
Ein jeder muß fein
selbst fleißig sein
und kratzen und schaben
und rennen und traben
und schniegeln und bügeln
und klopfen und hacken
und kochen und backen.
Ach, daß es noch wie damals wär!
Doch kommt die schöne Zeit nicht wieder her.

Worte: August Kopisch   Weise: Wolfgang Hauck

Flockentanz

Richard Rudolf Klein

Juchhe, der erste Schnee

2. Juchhe, juchhe,
erstarrt sind Bach und See!
Herbei von allen Seiten
aufs glitzerblanke Eis,
dahin, dahin zu gleiten
nach alter froher Weis!

3. Juchhe, juchhe,
jetzt locken Eis und Schnee!
Der Winter kam gezogen
mit Freuden mannigfalt,
spannt seinen weißen Bogen
weit über Feld und Wald.

Worte, Weise und Satz: Karl Marx
Aus: Karl Marx „Jahreskreis", Merseburger Verlag, Berlin und Darmstadt

Unser Schneemann

2. Einen blauen Topf
hat er auf dem Kopf,
das ist sein neuer Hut
und der gefällt ihm gut.

3. Unser Schneemann weint,
wenn die Sonne scheint,
das ist ihm gar nicht recht,
denn das bekommt ihm schlecht.

Worte, Weise und Satz: Hans Poser
Aus: Hans Poser „Der fröhliche Kinderkalender", Fidula-Verlag, Boppard

Es schneit

1. Es schneit, es schneit in dich-tem Fall!
   Die Flok-ken wir-beln ü-ber-all,
   und was da drau-ßen steht und geht, kriegt ein Mütz-chen auf-ge-weht,
   hei-o, hei-o, kriegt ein Mütz-chen auf-ge-weht.

2. Wohin man schaut, nur Schnee und Eis,
   der Himmel grau, die Erde weiß!
   Hei, wie der Wind so lustig pfeift,
   wie er in die Backen kneift,
   heio, heio,
   wie er in die Backen kneift!

3. Ihr Stubenhocker, schämet euch!
   Kommt nur heraus, tut es uns gleich!
   Bei Wind und Schnee auf glatter Bahn
   hebt erst recht der Jubel an,
   heio, heio,
   hebt erst recht der Jubel an!

Worte: Albert Sergel. 2. und 3. Strophe: Robert Reinick ★Weise: volkstümlich

Rodelfahrt

2. Bauz, pardauz – o weh, o weh!
Bums, da liegen wir
mit den Nasen tief im Schnee
alle vier.
Ruth ne Beule, Fritz zwei Schrammen,
– ach, da lacht man bloß!
Sucht die Beine schnell zusammen!
Gleich gehts wieder los.

3. Rirarutsch, den Schlitten her,
flink zurechtgesetzt!
Eins, zwei, drei – die Bahn ist leer.
Alles fertig! – Jetzt!

Worte: Arthur Schoke   Weise: Richard Rudolf Klein

Schlittschuhlauf

2. Schlittschuh fahren wir
auf dem blanken Eise.
Peter kurvt – toller Sprung!
Keiner fährt mit so viel Schwung
auf dem blanken Eise.

3. Schlittschuh fahren wir
auf dem blanken Eise.
Plötzlich saust der Hans herbei –
plumps! Da liegen alle zwei
auf dem blanken Eise.

Worte: Hanna Schachenmeier   2. und 3. Strophe: Werner Bautsch   Weise: Richard Rudolf Klein

Spuren im Schnee

1. Es gibt ei-ne Zeit, die Win-ter heißt, die tie-fer, tie-fer Win-ter heißt. Im Win-ter liegt der Schnee.

2. Der Schnee ist ein weitgebreitetes Tuch.
Der Schnee ist ein aufgeschlagenes Buch.
|: Im Buch steht Ach und Weh. :|

3. Die Schrift ist geschrieben von zierlichen Tritten:
Spur hungernder Tiere, die uns bitten –
|: Vogel und Hase und Reh. :|

Dazu Ostinato:

Worte: Josef Guggenmos   Weise: Richard Rudolf Klein

Frau Holle

1. Frau Hol-le, Frau Hol-le hat hin-term Berg ein Haus, da schüt-telt sie die Bet-ten, die wei-ßen Bet-ten aus.

2. Frau Holle, Frau Holle
am Rocken sitzt und spinnt.
Da wirbeln schon die Flocken,
da weht der kalte Wind.

3. Frau Holle, Frau Holle,
die brennt ein Lichtlein an,
daß Ruprecht tief im Walde
die Tännlein sehen kann.

4. Frau Holle, Frau Holle,
die singt ein Liedlein leis.
Da leuchten alle Sterne,
da grünt das dürre Reis.

Zwischenspiel

Blockflöte

Dazu:

Xylophon
Triangel

Worte: Rudolf Otto Wiemer ★Weise: volkstümlich

Advent

Vor- und Zwischenspiel

2. Wir sagen euch an den lieben Advent.
Sehet, die zweite Kerze brennt!
So nehmet euch eins um das andere an,
wie auch der Herr an uns getan!
Freuet euch, ihr Christen! Freuet euch sehr!
Schon ist nahe der Herr.

3. . . . . die dritte Kerze brennt!
Nun tragt eurer Güte hellen Schein
weit in die dunkle Welt hinein!
Freut euch . . . .

4. . . . . die vierte Kerze brennt!
Gott selber wird kommen, er zögert nicht.
Auf, auf, ihr Herzen und werdet licht!
Freut euch . . . .

Worte: Maria Ferschl   Weise und Satz: Richard Rudolf Klein
Aus: R. R. Klein „Adventkantate für Kinder", Fidula-Verlag, Boppard

Adventskranz

2. Das Lichtlein, das uns loht,
ward aller Welt zuteil.
Das Lichtlein, das uns loht,
das bringt uns großes Heil.

3. Das Heil heißt Jesus Christ,
der in die Armut kam.
Das Heil heißt Jesus Christ
und ist kein andrer Nam.

4. Tut ihm die Türen auf,
ihr Menschen im Advent!
Tut ihm die Herzen auf,
dann hat die Nacht ein End!

Worte: Rudolf Otto Wiemer   ★Weise: Aus der Tschechoslowakei

Knecht Ruprecht

2. Du kommst ja nicht alleine.
Der Hutzelmännlein neune,
die folgen dir auf Schritt und Tritt
und ziehn die bösen Kinder mit.
Ria ria ria rullala.

3. Knecht Ruprecht aus dem Walde,
komm zu uns nun balde!
Du bist ja ein so guter Mann,
der uns recht viel bescheren kann.
Ria ria ria rullala.

Worte und Weise: Cesar Bresgen   Satz: R. R. Klein
Eigentum des Verlages Tonger, Rodenkirchen

Weihnachtsmann

2. Komm bald in unser Haus,
pack deine Taschen aus!
Äpfel, Nüß und Mandelkerne
essen wir zur Weihnacht gerne.
Komm bald in unser Haus!

Worte und Weise: Gottfried Wolters
Aus: Gottfried Wolters „Grünt ein Tannenbaum", Verlag Tonger, Rodenkirchen

Sag mir, lieber Josef mein

Einer spricht: Der Stall soll dem Kind seine Herberg sein.

Eine: 2. Sag mir, lieber Josef mein:
Was soll dem Kind seine Wiege sein?
Einer spricht: Die Krippe soll dem Kind seine Wiege sein.
Alle: So, so, so, sagt Josef mein,
die Krippe soll dem Kind seine Wiege sein.

Eine: 3. Sag mir, lieber Josef mein:
Wer soll dem Kind sein Diener sein?
Einer spricht: Der Ochs und der Esel solln die Diener sein.
Alle: So, so, so, sagt Josef mein,
der Ochs und der Esel solln die Diener sein.

Worte und Weise: Aus Jugoslawien

Susani

2. Kommt ohne Instrumente nit!
Eia, eia,
susani, susani, susani.
Bringt Lauten, Harfen, Geigen mit!
Halleluja, Halleluja.
Von Jesus singt und Maria!

3. Die Stimmen müssen lieblich gehn,
eia . . . .
und Tag und Nacht nicht stille stehn.
Halleluja . . . .

4. Singt Fried den Menschen weit und breit!
Eia . . . .
Gott Preis und Ehr in Ewigkeit!
Halleluja . . . .

Worte und Weise: Cornersches Gesangbuch, Köln 1623

Singt alle mit frohem Schalle!

1. Singt alle mit frohem Schalle! Heut ist ein Kindelein das liebe Jesulein für uns geboren.

*) Wiederholungen: alle

2. Kommt alle
zum armen Stalle!
Hier ist ein Kindelein,
das liebe Jesulein,
für uns geboren.

3. Folgt gerne
dem hellen Sterne!
Er zeigt, wo's Kindelein,
das liebe Jesulein
für uns geboren.

4. Bringt alle
euer Herz zum Stalle!
Bringt es dem Kindelein,
dem lieben Jesulein,
das für uns geboren.

Worte und Weise: Hans Coenen   Satz: Herbert Beuerle
Aus: „Sing mit III", Burckhardthaus-Verlag, Gelnhausen und Berlin-Dahlem

Kommt alle zum Stalle

1. Kommt alle zum Stalle, kommt alle herein und seht nur, wie arm's ist, das Christkindelein.

2. Kommt alle zum Stalle
zur Heiligen Nacht,
und seht nur das Christkind,
wie freundlich es lacht.
Ein Pferdchen, ein Wagen,
ein Trommel zum Schlagen,
ein Schaukel zum |: Schwingen,:|
das wolln wir ihm bringen.

3. Kommt alle zum Stalle,
zum Stall kommt herein
und seht nur das Christkind,
wie's schlummert so fein.
Geht stille, auf Zehen,
dann könnt ihr es sehen,
dann hört ihr ganz |: leise:|
der Engelein Weise.

Worte und Weise: Hans Poser   Satz: Richard Rudolf Klein
Aus: Hans Poser „Kommt alle zum Stalle" Deutscher Laienspiel-Verlag, Weinheim

Wir wandern zur Krippe

Worte: Rudolf Otto Wiemer   Weise und Satz: Heinz Lemmermann
Aus: „Das musische Mosaik", Fidula-Verlag, Boppard

Hirtenlied

2. Wenn ich geh zum Stall hinein,
grüß ich gleich das Kindelein
|: und pfeif eins dazu.:|

3. Ei, wie friert das göttlich Kind,
gehet ein und aus der Wind;
|: Mutter deckt dich zu!:|

4. Milch und Mehl, das hab ich schon,
daß ich's Breile kochen kann,
|: wenn das Kindlein schreit.:|

5. B'hüt dich Gott, liebs Kindelein,
morgen kehr ich wieder ein.
|: Schlaf in guter Ruh!:|

Zwischenspiel

Worte: volkstümlich   Weise: Fritz Dietrich
Aus: „Das Hirtenbüchel", Bärenreiter-Verlag, Kassel und Basel

An der Krippe

Hirtenmusik

Wiegenlied „Laßt uns das Kindlein wiegen"

Weise: volkstümlich

Abendmusik   „Horch, es singt der Glocke Ton"
3 Blockflöten im Kanon

Dazu Ostinato:

Glockenspiele

*Weise: volkstümlich

Arbeit ist aus

Ar - beit ist aus. Nach Haus! Nach Haus!

Worte und Weise: Walter Rein
Aus: Walter Rein „Der Ring bind't alle Ding", Bärenreiter-Verlag, Kassel und Basel

Lustiger Mond

1. Ge-stern a-bend um halb ach-te fiel der Mond in

158

2. Zwar war er ein wenig blasser,
aber das war nicht so wild,
|: denn da unten das im Wasser :|
war ja nur sein Spiegelbild.

Worte: Gustav Sichelschmidt *Weise: volkstümlich

Wie man schlafen geht

2. Wißt ihr, wie die kleinen Vögel
abends gehn zur Ruh?
Wenn schon der Mond ins Nestchen sieht,
piepst jedes noch ein Abendlied
und macht die Augen zu.

3. Wißt ihr, wie die Weinbergschnecken
abends gehn zur Ruh?
Kaum blinkt der erste Stern heraus,
kriecht jede in ihr Schneckenhaus
und macht die Augen zu.

4. Wißt ihr, wie die Menschenkinder
abends gehn zur Ruh?
Kaum schaut der Mond durchs Fensterlein,
plumpst jedes in sein Bett hinein
und macht die Augen zu.

Worte: Eva Rechlin   Weise: Richard Rudolf Klein

Glocken klingen

Glok-ken klin-gen: bim, bam, bim, bam, bum.

Worte und Weise: volkstümlich

Am Abend

1. Nun tönt vom Tur-me nie-der der A-bend-glok-ke Schall. Die Son-ne geht zur Ru-he und still wird's ü-ber-all.

2. Hab Dank, daß du, o Vater,
so treulich uns bewacht,
gib uns und allen Menschen
nun eine gute Nacht.

Worte: Jörg Erb   Weise: Rolf Schweizer
Worte aus: „Schöne Musika", Burckhardthaus-Verlag, Gelnhausen   Weise: Eigentum des Autors

Abendgebet

2. Vater, Mutter, alle Lieben
seien in dein Herz geschrieben.
Mit den Menschen hab Erbarmen,
denke auch an alle Armen!
Gute Nacht!

Worte: Verfasser unbekannt   Weise: Richard Rudolf Klein

Wiegenlied „Schlaf, Kindelein, süße"

Weise: volkstümlich

Sause, Kindchen, sause

2. Sause, Kindchen, sause!
Der Fuchs steht hinterm Hause,
hat ein langen Schlitten mit,
nimmt die bösen Kinder mit.
Sause, Kindchen, sause!

3. Sause, Kindchen, sause!
Wo wohnt Peter Krause?
Wo die goldnen Püppchen stehn,
wo die schönen Jungfern gehn,
da wohnt Peter Krause.

Worte und Weise: volkstümlich

Sonne hat sich müd gelaufen

*) Wiederholung nur in der 6. Strophe (3×)

2. Bäumchen, das noch eben rauschte,
spricht: „Was soll das sein?"
Will die Sonne nicht mehr scheinen,
schlaf ich ruhig ein."
Sum, sum, sum,
mein Kindchen macht es ebenso,
mein Kindchen ist nicht dumm.

3. Vöglein, das im Baum gesungen,
spricht: „Was soll das sein?
Will das Bäumchen nicht mehr rauschen,
schlaf ich ruhig ein."
Sum, sum, sum . . . .

4. Häschen spitzt die langen Ohren,
spricht: „Was soll das sein?
Hör ich keinen Vogel singen,
schlaf ich ruhig ein."
Sum, sum, sum . . . .

5. Jäger höret auf zu blasen,
spricht: „Was soll das sein?
Seh ich keinen Hasen laufen,
schlaf ich ruhig ein."
Sum, sum, sum . . . .

6. Kommt der Mond und guckt herunter,
spricht: „Was soll das sein?
Kein Jäger lauscht?
Kein Häslein springt?
Kein Vogel singt?
Kein Bäumchen rauscht?
Kein Sonnenschein?
Und 's Kind allein will wach ? noch ? sein?
Nein! Nein! Nein!
Lieb Kindchen macht die Augen zu,
lieb Kindchen schläft schon ein.

*) In der 6. Str.: 12×

Worte: Robert Reinick Weise und Satz: Richard Rudolf Klein

Vom Gänschen die Federn

2. Die Blumen im Garten,
der Vogel im Strauch,
die Hasen im Felde,
die schlafen nun auch.

3. Der Mond und die Sterne,
die schauen herein,
ob die Kinder schon schlafen.
Drum Liebling, schlaf ein!

Worte: Hanna Schachenmeier   Weise und Satz: Richard Rudolf Klein

Nun schlaf, mein liebes Kindelein

2. Dein Vater ist der liebe Gott
und will's auch ewig sein,
der Leib und Seel dir geben hat
wohl durch die Eltern dein.

3. Er sendet seine Engelein
zu Hütern Tag und Nacht,
daß sie bei deinem Bette sein
und halten gute Wacht.

4. Der heilig Christ, der segne dich,
bewahr dich allezeit,
sein heilger Nam behüte dich,
schütz dich vor allem Leid.

Worte und Weise: Straßburg 1573

Dunkel ruht das Haus

2. Keiner blieb mehr wach!
Steinkautz schrie im Weidenbaum,
liegt jetzt auch schon längst im Traum.
Selbst die Dampfer auf dem Flusse,
Eisenbahn und Omnibusse
und die Tauben unterm Dach
blieben nicht mehr wach.

3. Alle ruhen aus.
Dicke Spinnen an der Wand,
Neger aus Somaliland,
Bär und Puppe brauchen Ruhe,
und die Lampe auf der Truhe
ging von ganz alleine aus.
Dunkel ruht das Haus.

Worte: Bruno Horst Bull   Weise: Richard Rudolf Klein

Gute Nacht

Weise: Aus Südfrankreich

VERZEICHNIS DER SPIELSTÜCKE

Morgenmusik
  Weckruf 3
  Besinnliche Weise 4
  Fanfare 4
Ständchen zum Geburtstag
  Fanfare 8
  Drei kleine Festmusiken 8
Dreikönigsmarsch „Es ist für uns eine Zeit angekommen". 12
Narrentanz 15
Vier alte Frühlingsreigen
  Der Winter ist vergangen 24
  Im Maien, im Maien 24
  Kommt, ihr Gspielen 25
  Der Maien ist kommen 25
Ständchen zum Muttertag 28
Allerlei Handwerk
  Aufzug der Zünfte 43
  Die Bergleute „Wir Bergleute hauen fein" 43
  Die Maurer „Und wenn das Glöcklein fünfmal schlägt" . . 44
  Der Schäfer „Freut euch, ihr Schäfersleut" 44
  Bauernmarsch 44
  Der Schneider „Schneidri, schneidra, schneidrum,, ... 45
  Der Tischler 45
  Schustertanz „Ja, so wickeln wir,, ... 45
Johannistag
  Ansingelied „Veile, Rose, Blümelein". 60
  Johannisreigen 61
  Wanderlied „Schön ist die Welt" . 70
  Im Boot 78
Zwölf Tänze aus fremden Ländern
  Alter Reihentanz aus Holland . . 84
  Altfranzösische Gaillarde 84
  Tanz aus Spanien 84
  Altenglische Gigue 85
  Schottische Tanzweise 85
  Tanz aus Dänemark 86
  Norwegischer Tanz 86
  Schwedischer Bauernmarsch . . 87
  Ländler aus Österreich „Der Hirt von Grunau" 87
  Tanz aus Ungarn 88
  Slowakisches Tanzlied „Hei, die Pfeifen klingen" 88
  Tanzlied aus Rußland 88
Scherzlied „Des Abends, wenn ich früh aufsteh". 93
Kirmestanz 120
Erntelieder und -tänze
  Erbsenpflücken 125
  Die Aprikosen 126
  Birnenpflücken „Jenny pflückte Birnen" 126
  Siebensprung 126
Jagdweise 128
Laternenmusik 130
Märchenmusik
  Es war einmal 134
  In Not 135
  Erlösung und Freude 135
Hochzeitsfanfare 138
Flockentanz 142
An der Krippe
  Hirtenmusik 157
  Wiegenlied „Laßt uns das Kindlein wiegen" 157
Abendmusik „Horch, es singt der Glocke Ton" 158
Wiegenlied „Schlaf, Kindelein, süße" 161
Gute Nacht 166

STICHWORTVERZEICHNIS

Abend und Nacht
(siehe auch „Wiegenlieder")
Arbeit ist aus 158
Gestern abend um halb achte . . . 158
Glocken klingen bim bam 160
Heute träumt ich einen Traum. . . 94
Ich weiß einen Stern 63
Meinem Gott gehört die Welt . . . 5
Nun tönt vom Turme nieder . . . 160
So ein schöner Tag war heute . . . 161
Wie war zu Köln es doch vordem . 140
Wißt ihr, wie die Elefanten 159

Advent
Frau Holle hat hinterm Berg ein
Haus. 146
Knecht Ruprecht aus dem Walde . 150
Komm, lieber Weihnachtsmann . . 151
Weihnachtsmann, zieh die Stiefel
an 151
Wir haben einen Kranz 150
Wir sagen euch an den lieben
Advent 148

Arbeit
Am Rand der Stadt, da wird gebaut 109
Arbeit ist aus 158
Auf der Wiese helf ich mit 62
Dachdeckermeister Schwindelfrei . 46
Das ist der Wind 124
Das Schweinchen, das im Stalle ist 51
Der Fritz, der fährt nach Helgoland 76
Der Müller hat ein Mühlenhaus . 52
Die Feuerwehr, die Feuerwehr . . . 110
Die Straßenlampen löschen aus . . 6
Ene mene Tintenfaß 40
Gehn wir in den Wald hinaus . . . 73
Hab ich Mörtel, Sand und Steine . 48
Hallo, wer kommt denn da hervor . 46
He, ihr Leute! Gute Ware 112
Herr Tankwart, guten Morgen . . . 104
Ich bin der Bauer 49
Ich bin der Schneider. 49
Ich bin ein Tischler. 49
Ich möchte was kaufen 110
Jakob hat kein Brot im Haus. . . . 53
Kauft Fische, frische Fische . . . 111
Kommt mit uns! Die Zeit ist da . . 73
Lieber Gott, ich bitte dich 6
Meine Blümchen haben Durst . . 32
Milchmann, Milchmann 41
Mitten auf den Straßen 102
Mutter möcht ein Rippenstück . . 111
Ping und pang und kling und klang 50
Tatü, tata, die Post ist da 42

Dorf
Auf der Wiese helf ich mit 62
Das Schweinchen, das im Stalle ist 51
Der Fritz, der fährt nach Helgoland 76
Der Müller hat ein Mühlenhaus . . 52
Ich bin der Bauer 49
Ich trinke aus dem Brunnen . . . 77

Ich war mal auf dem Dorfe 75
Laß das Korn am Halm sich häufen 62
Lieber Bauer, sei so gut. 61
Steht ein Kirchlein im Dorf 77
Was ruft der Hahn 1

Dreikönigstag
Die heiligen drei Könige aus
Mohrenland 12

Erntedank
Brot, wo kommst du her 56
Der Herrgott läßt wachsen 55
Du hast, o Gott, des Jahres Lauf . 122
Du läßt die liebe Sonne scheinen . 63
Gott will uns speisen 54

Fastnacht
Die Tiere machen Karneval 14
Mi ma mei 97
Zur Fasenacht, zur Fasenacht . . . 13

Ferien
(siehe auch „Reisen und Wandern")
Auf dem Bergle bin ich gsessen . . 64
Auf der Wiese helf ich mit 62
Der Fritz, der fährt nach Helgoland 76
Die Schule ist aus 69
Hejohe! Wir fahren auf dem See. . 78
Ich habe mir ein Rad erspart . . . 68
Sommerhimmel, blau und weiß . . 79

Fleißige Leute
(siehe „Arbeit")

Frohsinn und Spiel
(siehe auch „Scherzlieder")
Alle Kinder dieser Erde 83
Froh zu sein, bedarf es wenig . . . 80
Hei, wie der laufen kann 89
Hü, hott! Hü, hott 90
Ich bin ein Musikante 81
Kommt herbei und sehet an . . . 89
Kommt und laßt uns tanzen,
springen 80
Mein Roller hat Räder. 91
Sommerhimmel, blau und weiß . . 79
Wann und wo 93
Was macht meine kleine Geige . . 82
Wenn der Wind über Wiesen und
Felder rennt 38
Wer etwas erleben will 92
Wie schön, sich zu wiegen 90

Frühling
April, April 21
Da kommt die liebe Sonne wieder . 2
Das Eis zerspringt 17
Das Gras lugt aus der Krume . . . 30
Du läßt die liebe Sonne scheinen . 63
Ein Blumenglöckchen vom Boden
hervor 31
Herr Winter, geh hinter 19
Hoch oben auf dem Eichenast . . . 18

Ich ging im Walde so für mich hin . 64
Juchhei, Blümelein 29
Juchheisassassa! Der Frühling ist
da 20
Kommt der Frühling Schritt für
Schritt 16
Meine Blümchen haben Durst . . 32
Noch bläst der Wind von Böhmen
her 18
Scheine, Sonne, scheine 38
Und wenn der Himmel regnen will . 36
Ward ein Blümlein mir geschenket . 32
Wer hat die Blumen nur erdacht . . 33
Wie schön, sich zu wiegen 90

Gebete
Als Körnlein gesät 55
Der Herrgott läßt wachsen 55
Gott will uns speisen 54
Laß das Korn am Halm sich häufen 62
Lieber Gott, ich bitte dich 6
Meinem Gott gehört die Welt . . . 5
Nun tönt vom Turme nieder 160
So ein schöner Tag war heute . . . 161

Geburtstag
Wir kommen all und gratulieren . . 7

Handwerker
(siehe „Arbeit")

Herbst
(siehe auch „Martinstag
und Laternenlieder")
Das ist der Wind 124
Der Herbst, der Herbst ist da . . . 123
Drei Mühlen auf dem Berge stehn . 128
Falle, falle, falle, gelbes Blatt . . . 130
Gestern abend ging ich aus 66
Ging ein Weiblein Nüsse schütteln 124
Häschen saß im grünen Gras . . . 67
Hör zu, mein Kind 36
Kühler wehen nun die Lüfte 127
Was ist das für ein Wetter heut . . 35
Wenn der Wind über Wiesen und
Felder rennt 38
Zum Fenster schauen wir hinaus . 129

Jahreskreis
Die Luft ist kalt 11
Ein neues Jahr nimmt seinen Lauf . 10
Im Januar fängt an das Jahr . . . 11
Kommt der Frühling Schritt für
Schritt 16

Jahrmarkt
Das Karussell, das dreht sich
schnell 116
Dort steht ein Mann mit Luftballons 119
Erst tönt ein Tusch 114
Heut ist Jahrmarkt 115
Liebe Kinder, kommt heran 118
Seht doch nur, was für ein Trubel . 115
Seht dort oben ihr das Seil 118
Tri, tra, trulala, Kasperle ist noch
nicht da 117

Kirmes
(siehe „Jahrmarkt")

Lob Gottes
Brot, wo kommst du her 56
Das Gras lugt aus der Krume . . . 30

Du läßt die liebe Sonne scheinen . 63
Meinem Gott gehört die Welt . . . 5
Und wenn der Himmel regnen will . 36
Wer hat die Blumen nur erdacht . . 33

Märchen
Bin das tapfre Schneiderlein . . . 137
Die Tiere machen Karneval 14
Frau Holle, Frau Holle 146
Hab ich ein paar Bären, Bären . . 100
Kennt ihr schon die Stadt Tempone 98
Kommt, wir wollen uns begeben . 140
Seht ihr auf grauer Felsen Schoß . 138
So geht es im Lande der Riesen . 139
So geht es im Lande der Zwerge . 139
Tri, tra, trulala, Kasperle ist noch
nicht da 117
Wie war zu Köln es doch vordem . 140
Wir sind die wohlbekannten . . . 136

Martinstag und Laternenlieder
Am Himmel stehen Stern an Stern . 131
Laternen auf der Straße 132
Sankt Martin, Sankt Martin 132

Mittag
Als Körnlein gesät 55
Brot, wo kommst du her 56
Der Herrgott läßt wachsen 55
Gott will uns speisen 54
Kraut und Rüben 57

Monate (siehe „Jahreskreis")

Morgen
Da kommt die liebe Sonne wieder . 2
Die Straßenlampen löschen aus . . 6
Früh beim ersten Sonnenschein . . 113
Glocken klingen bim bam 160
Lieber Gott, ich bitte dich 6
Meinem Gott gehört die Welt . . . 5
Wachet auf! Wachet auf 2
Was ruft der Hahn 1
Wenn die Sonne ihre Strahlen . . 3

Muttertag
Soviel Blümlein in den Feldern . . 27
Was bring ich wohl an diesem Tag 26
Wir kommen all und gratulieren . . 7

Ostern
Die ganze Welt, Herr Jesu Christ . 22
Wird bald Ostern sein 22

Regen, Wind und Nebel
Drei Mühlen auf dem Berge stehn . 128
Dribb, drabb, drobb 34
Ein warmer Sommerregen 35
Hör zu, mein Kind 36
Scheine, Sonne, scheine 38
Und wenn der Himmel regnen will . 36
Was ist das für ein Wetter heut . . 35
Wenn der Wind über Wiesen und
Felder rennt 38
Zum Fenster schauen wir hinaus . 129

Reisen und Wandern
(siehe auch „Wald")
Auf, auf zum frohen Wandern . . . 72
Der Sommer kommt im Wanderschritt 71

Es pfeift der Zug 106
Herr Tankwart, guten Morgen . . . 104
Höchste Zeit! Noch drei Minuten . 106
Ich habe mir ein Rad erspart . . . 68
Wir fliegen nach Amerika 108

Scherzlieder
Der Müller hat ein Mühlenhaus . . 52
Die Tiere machen Karneval 14
Es tanzt eine Maus 101
Gestern abend um halb achte . . . 158
Ging ein Weiblein Nüsse schütteln 124
Hab ich ein paar Bären, Bären . . 100
Heute träumt ich einen Traum. . . 94
Ich fuhr mal in die Welt hinein . . 96
Jakob hat kein Brot im Haus. . . . 53
Kennt ihr schon die Stadt Tempone 98
Manchmal denke ich mir irgendwas 95
Mi ma mei 97
Susemusemätzchen 101
Unser Goldfisch singt 99
Wie sind mir meine Stiefel
  geschwolln. 94

Schlaflieder (siehe „Wiegenlieder")

Sommer
(siehe auch „Wald")
Auf dem Bergle bin ich gsessen. . 64
Auf der Wiese helf ich mit 62
Der Sommer kommt im Wander-
  schritt 71
Du läßt die liebe Sonne scheinen . 63
Ein warmer Sommerregen 35
Häschen saß im grünen Gras . . 67
Hejoho! Wir fahren auf dem See. . 78
Heut ist ein Fest bei den Fröschen
  am See 78
Ich bin der Bauer. 49
Ich weiß einen Stern 63
Juchhei, Blümelein 29
Laß das Korn am Halm sich häufen 62
Lieber Bauer, sei so gut 61
Marienvogel kleine 65
Meine Blümchen haben Durst . . 32
Sommerhimmel, blau und weiß . . 79
Trarira, der Sommer, der ist da . . 59
Trariro, der Sommer, der ist do . . 58
Ward ein Blümlein mir geschenket. 32
Wer hat die Blumen nur erdacht. . 33

Sonne
Da kommt die liebe Sonne wieder . 2
Scheine, Sonne, scheine 38
Wenn die Sonne ihre Strahlen . . 3

Stände (siehe „Arbeit")

Tierlieder
Auf dem Bergle bin ich gsessen. . 64
Die Tiere machen Karneval 14
Es gibt eine Zeit, die Winter heißt . 146
Es tanzt eine Maus 101
Früh beim ersten Sonnenschein . . 113
Gestern abend ging ich aus 66
Hab ich ein paar Bären, Bären . . 100
Häschen saß im grünen Gras . . . 67
Heut ist ein Fest bei den Fröschen
  am See 78

Hoch oben auf dem Eichenast . . . 18
Hü, hott! Hü, hott 90
Ich war mal auf dem Dorfe 75
Kommt die liebe Sommerszeit . . 60
Marienvogel kleine 65
Noch bläst der Wind von Böhmen
  her 18
Susemusemätzchen 101
Was ruft der Hahn 1
Wißt ihr, wie die Elefanten 159
Wir sind die wohlbekannten . . . 136

Verkehr
An der Straße stehn wir gern . . . 103
Die Straßenlampen löschen aus . . 6
Es pfeift der Zug 106
Herr Tankwart, guten Morgen . . . 104
Höchste Zeit! Noch drei Minuten . 106
Ich steige in mein Auto ein 104
Mein Roller hat Räder. 91
Mitten auf den Straßen 102
Wir fahren mit dem Omnibus . . . 105
Wir fliegen nach Amerika 108

Wald
Gehn wir in den Wald hinaus . . . 73
Gestern abend ging ich aus 66
Ich ging im Walde so für mich hin . 64
Ich weiß euch eine schöne Stadt . . 70
Im Wald, im Wald 74
Kommt die liebe Sommerszeit . . 60
Kommt mit uns! Die Zeit ist da . . 73
Seht ihr auf grauer Felsen Schoß . 138
Wo bin ich gewesen 74

Weihnachtszeit
(siehe auch „Advent")
Bruder, ich geh auch mit dir . . . 156
Komm, lieber Weihnachtsmann . . 151
Kommt alle zum Stalle 154
Sag mir, lieber Josef mein. 152
Singt alle mit frohem Schalle . . . 154
Vom Himmel hoch, o Englein
  kommt 153
Weihnachtsmann, zieh die Stiefel
  an 151
Wir wandern zur Krippe 155

Wiegenlieder
Nun schlaf, mein liebes Kindlein . 164
Sause, Kindchen, sause. 162
Schlafe ruhig ein 165
Sonne hat sich müd gelaufen . . . 162
Vom Gänschen die Federn 164

Winter
Das Eis zerspringt 17
Es gibt eine Zeit, die Winter heißt . 146
Es schneit, es schneit. 144
Frau Holle, Frau Holle 146
Herr Winter, geh hinter 19
Hoch oben auf dem Eichenast . . . 18
Juchhe, der erste Schnee 142
Kommet all und seht 143
Noch bläst der Wind von Böhmen
  her 18
Rirarutsch, den Schlitten her . . . 145
Schlittschuh fahren wir 145

ALPHABETISCHES VERZEICHNIS DER LIEDANFÄNGE

Alle Kinder dieser Erde (m.l.) . . 83
Als Körnlein gesät 55
Am Himmel stehen Stern an Stern 131
Am Rand der Stadt, da wird gebaut 109
An der Straße stehn wir gern . . . 103
April, April (K.m.l.) 21
Arbeit ist aus (K.) 158
Auf, auf zum frohen Wandern (m.l.) 72
Auf dem Bergle bin ich gsessen (m.l.) 64
Auf der Wiese helf ich mit 62

Bin das tapfre Schneiderlein . . . 137
Brot, wo kommst du her (m.l.) . . 56
Bruder, ich geh auch mit dir (m.l.) 156

Da kommt die liebe Sonne wieder . 2
Dachdeckermeister Schwindelfrei (m.l.) 46
Das Eis zerspringt (m.l.) 17
Das Gras lugt aus der Krume (m.l.) 30
Das ist der Wind 124
Das Karussell, das dreht sich schnell (m.l.) 116
Das Schweinchen, das im Stalle ist 51
Der Fritz, der fährt nach Helgoland 76
Der Herbst, der Herbst ist da . . . 123
Der Herrgott läßt wachsen (K.) . . 55
Der Müller hat ein Mühlenhaus . . 52
Der Sommer kommt im Wanderschritt (m.l.) 71
Die Feuerwehr, die Feuerwehr . . 110
Die ganze Welt, Herr Jesu Christ (m.l.) 22
Die heiligen drei Könige aus Mohrenland 12
Die Luft ist kalt 11
Die Schule ist aus (m.l.) 69
Die Straßenlampen löschen aus . . 6
Die Tiere machen Karneval (m.l.) . 14
Dort steht ein Mann mit Luftballons 119
Drei Mühlen auf dem Berge stehn . 128
Dribb, drabb, drobb 34
Du hast, o Gott, des Jahres Lauf (m.l.) 122
Du läßt die liebe Sonne scheinen . 63

Ein Blumenglöckchen vom Boden hervor (m.l.) 31
Ein neues Jahr nimmt seinen Lauf (m.l.) 10
Ein warmer Sommerregen (m.l.) . 35
Ene mene Tintenfaß 40
Erst tönt ein Tusch 114
Es gibt eine Zeit, die Winter heißt (m.l.) 146
Es pfeift der Zug 106
Es schneit, es schneit (m.l.) . . . 144
Es tanzt eine Maus (m.l.) 101

Falle, falle, falle, gelbes Blatt (m.l.) 130
Frau Holle, Frau Holle (m.l.) . . . 146
Froh zu sein, bedarf es wenig (K.m.l.) 80
Früh beim ersten Sonnenschein . . 113

Gehn wir in den Wald hinaus . . . 73
Gestern abend ging ich aus (m.l.) . 66
Gestern abend um halb achte . . 158
Ging ein Weiblein Nüsse schütteln (m.l.) 124
Glocken klingen bim bam (K.m.l.) . 160
Gott will uns speisen 54

Hab ich ein paar Bären, Bären . . . 100
Hab ich Mörtel, Sand und Steine (m.l.) 48
Hallo, wer kommt denn da hervor . 46
Häschen saß im grünen Gras (m.l.) 67
He, ihr Leute! Gute Ware 112
Hei, wie der laufen kann 89
Hejohe! Wir fahren auf dem See . 78
Herr Tankwart, guten Morgen . . . 104
Herr Winter, geh hinter (m.l.) . . . 19
Heut ist ein Fest bei den Fröschen am See (K.) 66
Heut ist Jahrmarkt (m.l.) 115
Heute träumt ich einen Traum . . 94
Hoch oben auf dem Eichenast (m.l.) 18
Höchste Zeit! Noch drei Minuten . 106
Hör zu, mein Kind 36
Hü, hott! Hü, hott (m.l.) 90

Ich bin der Bauer (m.l.) 49
Ich bin der Schneider (m.l.) 49
Ich bin ein Musikante 81
Ich bin ein Tischler (m.l.) 49
Ich fuhr mal in die Welt hinein . . 96
Ich ging im Walde so für mich hin . 64
Ich habe mir ein Rad erspart . . . 68
Ich möchte was kaufen 110
Ich steige in mein Auto ein 104
Ich trinke aus dem Brunnen . . . 77
Ich war mal auf dem Dorfe (m.l.) . 75
Ich weiß einen Stern 63
Ich weiß euch eine schöne Stadt (m.l.) 70
Im Januar fängt an das Jahr . . . 11
Im Wald, im Wald (K.) 74

Jakob hat kein Brot im Haus (m.l.) 53
Juchhe, der erste Schnee 142
Juchhei, Blümelein (m.l.) 29
Juchheisassassa! Der Frühling ist da 20

Kauft Fische, frische Fische 111
Kennt ihr schon die Stadt Tempone (m.l.) 98
Knecht Ruprecht aus dem Walde (m.l.) 150

171

Komm, lieber Weihnachtsmann	151
Kommet all und seht (m.l.)	143
Kommt alle zum Stalle	154
Kommt der Frühling Schritt für Schritt (m.l.)	16
Kommt die liebe Sommerszeit	60
Kommt herbei und sehet an	89
Kommt mit uns! Die Zeit ist da	73
Kommt und laßt uns tanzen, springen (K.m.l.)	80
Kommt, wir wollen uns begeben	140
Kraut und Rüben (K.m.l.)	57
Kühler wehen nun die Lüfte (m.l.)	127
Laß das Korn am Halm sich häufen	62
Laternen auf den Straßen	132
Liebe Kinder, kommt heran	118
Lieber Bauer, sei so gut	61
Lieber Gott, ich bitte dich	6
Manchmal denke ich mir irgendwas (m.l.)	95
Marienvogel kleine	65
Mein Roller hat Räder	91
Meine Blümchen haben Durst	32
Meinem Gott gehört die Welt	5
Mi ma mei (m.l.)	97
Milchmann, Milchmann (m.l.)	41
Mitten auf den Straßen	102
Mutter möcht ein Rippenstück	111
Noch bläst der Wind von Böhmen her	18
Nun schlaf, mein liebes Kindelein (m.l.)	164
Nun tönt vom Turme nieder	160
Ping und pang und kling und klang	50
Rirarutsch, den Schlitten her	145
Sag mir, lieber Josef mein (m.l.)	152
Sankt Martin, Sankt Martin (m.l.)	132
Sause, Kindchen, sause (m.l.)	162
Scheine, Sonne, scheine (m.l.)	38
Schlafe ruhig ein	165
Schlittschuh fahren wir	145
Seht doch nur, was für ein Trubel (m.l.)	115
Seht dort oben ihr das Seil	118
Seht ihr auf grauer Felsen Schoß	138
Singt alle mit frohem Schalle (m.l.)	154
So ein schöner Tag war heute	161
So geht es im Lande der Riesen	139
So geht es im Lande der Zwerge	139
Sommerhimmel, blau und weiß	79
Sonne hat sich müd gelaufen (m.l.)	162
Soviel Blümlein in den Feldern (m.l.)	27
Steht ein Kirchlein im Dorf	77
Susemusemätzchen (m.l.)	101
Tatü, tata, die Post ist da	42
Trarira, der Sommer, der ist da (m.l.)	59
Trariro, der Sommer, der ist do (m.l.)	58
Tri, tra, trulala, Kasperle ist noch nicht da	117
Und wenn der Himmel regnen will	36
Unser Goldfisch singt	99
Vom Gänschen die Federn (m.l.)	164
Vom Himmel hoch, o Englein kommt (m.l.)	153
Wachet auf! Wachet auf (K.m.l.)	2
Wann und wo (K.m.l.)	93
Ward ein Blümlein mir geschenket	32
Was bring ich wohl an diesem Tag	26
Was ist das für ein Wetter heut (m.l.)	35
Was macht meine kleine Geige (m.l.)	82
Was ruft der Hahn	1
Weihnachtsmann, zieh die Stiefel an	151
Wenn der Wind über Wiesen und Felder rennt	38
Wenn die Sonne ihre Strahlen	3
Wer etwas erleben will	92
Wer hat die Blumen nur erdacht	33
Wie schön, sich zu wiegen (m.l.)	90
Wie sind mir meine Stiefel geschwolln	94
Wie war zu Köln es doch vordem (m.l.)	140
Wir fahren mit dem Omnibus	105
Wir fliegen nach Amerika	108
Wir haben einen Kranz (m.l.)	150
Wir kommen all und gratulieren (K.m.l.)	7
Wir sagen euch an den lieben Advent (m.l.)	148
Wir sind die wohlbekannten	136
Wir wandern zur Krippe (m.l.)	155
Wißt ihr, wie die Elefanten	159
Wo bin ich gewesen (m.l.)	74
Zum Fenster schauen wir hinaus (m.l.)	129
Zum Kaufhaus geh ich gerne mit	112
Zur Fasenacht, zur Fasenacht (m.l.)	13

HERKUNFT DER TEXTE

Blumau, F.A. S. 11, 36, 48: „Sonniges Jugendland", Zickfeldt, Hannover

Blüthgen, Victor S. 75: „Im Kinderparadies", Perthes, Gotha

Bull, Bruno Horst S. 165: Eigentum des Autors

Dantz, Carl S. 79: „Vom glückhaften Stern", Büchergilde Gutenberg, Frankfurt am Main

Dehmel, Paula S. 38, 39: „Das liebe Nest", Seemann, Leipzig, jetzt: „Guten Morgen, Rumpumpel", Ellermann, München

Ferschl, Maria S. 148: „Weihnachtssingebuch" II, Christophorus, Freiburg

Fraungruber, Hans S. 49: „Buntes Allerlei", Loewe, Stuttgart

Guggenmos, Josef S. 14: „So viele Tage, wie das Jahr hat", R. Mohn, Gütersloh; S. 63: „Immerwährender Kinderkalender", Österreichischer Bundesverlag, Wien; S. 146: „Das kunterbunte Bilderbuch", Herder, Freiburg

Hagelstange, Rudolf S. 62: „Strom der Zeit", Insel 1948, Wiesbaden

Hängekorb, Kurt S. 99: „Mein Kinderbuch", Altberliner Verlag Lucie Groszer, Berlin

Heerdt, Rolf S. 104: „Gedichte für Kinder", 5. Aufl. 1962, Hirschgraben, Frankfurt am Main

Holst, Adolf S. 12, 106: „Tandaradei", Stalling, Oldenburg; S. 106, 110: „Kinderhumor für Aug und Ohr", Hahn, Leipzig

Kraeger, Johanna S. 17: „Sonniges Jugendland", Zickfeldt, Hannover

Krumbach, Walter S. 35: „In unserm schönen Garten", Altberliner Verlag Lucie Groszer, Berlin

Krüss, James S. 51, 68, 98: „Der wohltemperierte Leierkasten", R. Mohn, Gütersloh; S. 96: Eigentum des Autors; S. 111: „Kinder, heut ist Wochenmarkt", Stalling, Oldenburg; S. 114: „Zirkuswelt – Wunderwelt", Stalling, Oldenburg

Kümmel, Herbert S. 50: Eigentum des Autors; S. 91: „Jugend am Rhein", Speyer; S. 94: „Der I-Punkt", Thienemanns, Stuttgart; S. 104: „Das weite Tor", Schroedel, Hannover

Leisinger, Fritz S. 71: „Die gute Saat", Westermann, Braunschweig

Leitgeb, Josef S. 127: „Gedichte", Otto Müller, Salzburg

Lohmeyer, Julius S. 55: „Sonniges Jugendland", Zickfeldt, Hannover; S. 111: „Rund ums Haus", Union, Stuttgart

Löns, Hermann S. 18: „Gesammelte Werke", Sponholtz, Hannover

Mann, Annemarie S. 115: „Welt im Wort", Schroedel, Hannover

Marschak, Samuil (Erich Weinert) S. 113: „Kinderchen im Käfig", Alfred Holz, Berlin

Mettke, Reinhold Paul S. 128: „Sonniges Jugendland", Zickfeldt, Hannover

Ortlepp, Ernst S. 70: „Sonniges Jugendland", Zickfeldt, Hannover

Rechlin, Eva S. 3, 159: Eigentum der Autorin

Reinhard, Ludwig S. 26: „Sonniges Jugendland", Zickfeldt, Hannover

Richter, Paul S. 69: „Sonniges Jugendland", Zickfeldt, Hannover

Rupp, Hanns S. 72: „Jugendlust", Nürnberg

Schaumann, Ruth S. 1, 36: „Blütenreigen", Diesterweg, Frankfurt am Main

Schoke, Arthur S. 59: „Buntes Karussell", Hirt, Breslau; S. 145: „Tausend Sterne leuchten", Hirt, Breslau

Schuster, Friedrich S. 73: Karl Pfister op. 56 „Die Sonne scheint", Böhm, Augsburg

Seidel, Heinrich S. 90: „Gedichte", Cotta, Stuttgart

Sergel, Albert   S. 62: „Suse, suse, Kindchen", Josef Scholz, Mainz;   S. 144: „Ringelreihen", Franz Schneider, München

Sichelschmidt, Gustav   S. 158: „So viele Tage, wie das Jahr hat", R. Mohn, Gütersloh

Sixtus, Albert   S. 16: „Klipper-Klapper", Marhold, Halle

Stracke, Theo   S. 109: „Deutsches Lesebuch", Diesterweg, Frankfurt am Main

Süßmann, Christel   S. 83: „Steffis Garten", Boje, Stuttgart

Trojan, Johannes   S. 74: „Hundert Kindergedichte", Freund und Jäckel, Berlin

Vegesack, Siegfried von   S. 18: „Sonniges Jugendland", Zickfeldt, Hannover

Wiemer, Rudolf Otto   S. 30, 56: „Das Feierbuch der Schule", Deutscher Theaterverlag, Weinheim; S. 146: „Seht den Stern", Deutscher Theaterverlag, Weinheim

Zink, Jörg   S. 54: „Dies Kind soll unverletzet sein", Kreuz, Stuttgart

Das ganzheitliche Unterrichtswerk:

Meinolf Neuhäuser

Bunte Zaubernoten

Schulwerk für den ganzheitlichen Musikunterricht in der Grundschule

Herausgegeben in Verbindung mit Professor Dr. Hans Sabel und Prof. Richard Rudolf Klein. 131 Seiten im Großformat, zahlr. Abb. (Vierfarbendruck), (MD-Nr. 3731)

Dieses neue Schulwerk für die Musikerziehung in der Grundschule verwirklicht konsequent die Forderungen nach einem **ganzheitlichen Musikunterricht.** Methodisch besteht eine direkte Parallele zur Sprache und zum Lesenlernen. Da der Gestaltcharakter der Musik nicht an eine absolute Tonhöhe gebunden ist und Transpositionen eine musikalische Gestalt nicht verändern, wird für den Elementarunterricht eine **relative Notenschrift in sieben verschiedenen Farben** verwendet. Die farbsymbolische Gestaltung der Noten bietet große Vorteile: Strukturmerkmale sind eindeutiger und anschaulicher zu fixieren, zu erkennen und zu reproduzieren. Der Übergang von der relativen zur absoluten Notierung erfolgt ohne Bruch. Die absolute Notation wird dann eingeführt, wenn sie für das Kind „lesbar" geworden ist.

Dieses Unterrichtswerk bietet das **vollständige Liedmaterial für das 1. bis 4. Schuljahr.** Die wertvollen alten und neuen Kinderlieder sind nicht nach dem Jahreskreis, sondern ausschließlich unter dem Aspekt der fortschreitenden Schwierigkeit geordnet. Dabei ist am Anfang jedes Lied mit einer mehrfarbigen Illustration versehen, um dem Kind das Wiedererkennen einer bekannten Melodie zu erleichtern. Die **Blockflöte** wird von Anfang an mit eingesetzt, die relative Farbtonleiter zunächst auf die F-Leiter der Blockflöte übertragen.

Diesterweg

Die neue Klavierfibel für den Einzel- und Gruppenunterricht:

Margaretha Schmitz-Kiesler

Hörst du, wie das klingt?

Musikunterricht am Klavier

108 Seiten im Großformat, zahlr. farb. Abb. (MD-Nr. 3725)

Wie schon der Untertitel besagt, handelt es sich bei diesem methodisch sorgfältig durchdachten Werk nicht um eine „Klavierschule" herkömmlichen Stils, sondern um ein Buch, das vor allem in der „Musik unterrichten" möchte und darum das Teilziel (Klavierspielen) diesem Hauptziel unterordnet. Es wendet sich an die kleinsten Musikanten und spricht sie in einer ihrem Fassungsvermögen sorgfältig angepaßten Sprache an. Aber es stellt auch Anforderungen: Der Weg führt vom Erfassen rhythmisch allereinfachster Erscheinungen bis zum Spielen von Duolen gegen Triolen; vom gleichnamigen (und stets gleichzeitig geübten) Dur und Moll der Grundtöne c und g über f, d und a bis zu e und h – bei immer wie selbstverständlich eingebauten Transponierübungen; vom ersten Sichzurechtfinden auf Notenblatt und Klaviatur bis zum Primavista- und Auswendigspielen kleiner Stücke von Bartók, Strawinsky und Hindemith. Dabei wird kein falscher Ehrgeiz entwickelt. Das Kind soll nicht etwa möglichst früh mit technischen Erfolgen glänzen; das wären Scheinerfolge. Hier geht es auf jeder Seite einzig und allein um das Denken in musikalischen Zusammenhängen, und das wird behutsam geweckt und gefördert.

Klavierlehrer und alle anderen in der elementaren Musikerziehung stehenden Pädagogen, aber auch musikalische Eltern finden in diesem Unterrichtswerk hervorragendes Material und wertvolle methodische Anregungen. Besonders gut wird es sich auch für den Einzel- und Gruppen-Klavierunterricht in den Musikschulen eignen.

Diesterweg